Études de l'OCDE sur l'eau

La gouvernance de l'eau dans les villes africaines

OCDE
DES POLITIQUES MEILLEURES
POUR UNE VIE MEILLEURE

Merci de citer cet ouvrage comme suit :
OCDE (2021), *La gouvernance de l'eau dans les villes africaines*, Études de l'OCDE sur l'eau, Éditions OCDE, Paris, *https://doi.org/10.1787/9a0fc271-fr*.

ISBN 978-92-64-79454-2 (imprimé)
ISBN 978-92-64-39924-2 (pdf)
ISBN 978-92-64-53664-7 (HTML)
ISBN 978-92-64-42942-0 (epub)

Études de l'OCDE sur l'eau
ISSN 2224-6215 (imprimé)
ISSN 2224-6223 (en ligne)

Version révisée, juin 2021
Les détails des révisions sont disponibles à l'adresse : *https://www.oecd.org/fr/apropos/editionsocde/Corrigendum-La-gouvernance-de-leau-dans-les-villes-africaines.pdf*

Crédits photo : Couverture © gettyimages/Hibrida13.

Les corrigenda des publications sont disponibles sur : *www.oecd.org/about/publishing/corrigenda.htm*.

Préface

L'OCDE, CGLU Afrique, le Conseil mondial de l'eau et le Royaume du Maroc sont ravis de présenter ce rapport sur *la Gouvernance de l'Eau dans les Villes Africaines*, issu du *Programme de l'OCDE sur la Sécurité de l'Eau pour le Développement Durable en Afrique*, lancé au lendemain de la 6ème édition du Grand Prix mondial de l'Eau du Roi Hassan II décerné à M. Angel Gurría, Secrétaire général de l'OCDE, en mars 2018.

La réalisation de l'Objectif de développement durable n°6 visant à garantir la disponibilité et la gestion durable de l'eau et de l'assainissement pour tous, ainsi que d'autres objectifs liés à l'eau d'ici 2030, nécessite que les gouvernements nationaux et locaux mettent en place les conditions favorables pour gérer l'eau en trop grande ou trop faible quantité, ou une eau de trop mauvaise qualité, tout en permettant à tous d'accéder à des services de qualité de l'eau. Si aucune mesure n'est prise, d'ici 2050, plus de 160 millions de personnes en Afrique pourraient vivre dans des zones urbaines avec une pénurie d'eau permanente. La pandémie de COVID-19 n'a fait que renforcer le besoin de relever ces défis urgents en matière de santé et d'hygiène pour les 40% de citoyens d'Afrique subsaharienne sans accès à un approvisionnement en eau de base et les 70 % sans accès à des installations sanitaires de base.

Les mégatendances liées au changement climatique, à l'urbanisation et aux changements démographiques aggraveront encore les pressions sur les ressources en eau. Le continent africain est l'un des plus exposés aux impacts du changement climatique, et entre maintenant et 2050, les deux tiers de l'urbanisation se produiront dans les villes et les villes intermédiaires, qui ont moins de capacité à déployer des infrastructures que les plus grandes.

S'appuyant sur une enquête menée dans 36 villes de toutes tailles en Afrique, ce rapport fournit une analyse régionale de qui fait quoi dans la gestion de l'eau, de l'efficacité des cadres institutionnels, politiques et réglementaires, ainsi que des lacunes de gouvernance critiques qui doivent être comblées afin de renforcer la capacité des autorités municipales à promouvoir la sécurité de l'eau sur le continent africain. Cette toute première analyse complète des défis de la gouvernance de l'eau au niveau local en Afrique vise non seulement à sensibiliser aux problèmes urgents et émergents auxquels les villes sont confrontées sur le continent, mais aussi à galvaniser l'action politique des maires et des dirigeants des villes aujourd'hui et à l'avenir.

Afin de poursuivre le dialogue politique qui sous-tend ce rapport et les preuves qu'il apporte, nous plantons ici les graines d'une initiative à plus long terme qui prendra la forme d'une nouvelle *Table ronde des maires africains pour la sécurité de l'eau*, qui visera à réunir les participants sous forme de Forum politique pour partager les meilleures pratiques et guider les réformes politiques et les actions en vue du 9ème Forum Mondial de l'Eau qui se tiendra à Dakar, Sénégal (mars 2022). Nous invitons tous les maires africains à rejoindre cette plateforme en signe de leur engagement pour la cause de l'eau et de leur impulsion politique et de leur engagement à améliorer les politiques locales de l'eau pour un meilleur bien-être des citadins.

Angel Gurria Secrétaire général de l'OCDE	Abdelkader Amara Ministre de l'Equipement, du Transport de la Logistique et de l'Eau, Maroc	Jean-Pierre Elong Mbassi Secrétaire général de CGLU Afrique	Loic Fauchon Président du Conseil mondial de l'eau

Avant-propos

La Gouvernance de l'Eau dans les Villes Africaines vient s'ajouter au riche recueil d'études par pays, par région, par ville et par thème publiées dans le cadre des Études de l'OCDE sur l'eau au cours des 15 dernières années. Cette attention particulière portée aux villes africaines contribue à l'élargissement de la portée mondiale des travaux de l'OCDE, venant s'ajouter aux analyses régionales de la gouvernance de l'eau dans les pays de l'OCDE (2011), en Amérique latine et dans les Caraïbes (2012) et dans la région Asie-Pacifique (2020), ainsi que les dialogues nationaux sur les politiques de gouvernance de l'eau au Mexique (2013), aux Pays-Bas (2014), en Jordanie (2015), en Tunisie (2015), au Brésil (2015 et 2017), en Argentine (2019) et au Pérou (2021).

L'accent régional sur l'Afrique contribue au processus préparatoire du 9ème Forum mondial de l'eau qui se tiendra à Dakar, au Sénégal (mars 2022), pour lequel l'OCDE codirige la Priorité "Moyens et outils de mise en œuvre". Ce rapport est également un résultat du *Programme de l'OCDE sur la sécurité de l'eau pour le développement durable en Afrique*, lancé en 2018 par le Secrétaire général de l'OCDE, le lauréat de la 6ème édition du Grand Prix mondial de l'eau Roi Hassan II, lors du 8e Forum mondial de l'eau à Brasilia, au Brésil (mars 2018).

L'analyse des villes de toutes tailles vise à inciter les dirigeants locaux à agir pour assurer la sécurité de l'eau sur un continent faisant face à une urbanisation rapide. Le rapport souligne le rôle essentiel des villes pour améliorer des systèmes de gouvernance de l'eau capables de garantir un approvisionnement efficace, efficient, et inclusif en eau potable et en services d'assainissement pour tous les citoyens, mais aussi pour gérer les défis croissants liés aux inondations, aux sécheresses et à la pollution de l'eau dans le cadre d'une responsabilité partagée avec les gouvernements nationaux.

Plus proches des citoyens et des besoins locaux, les maires et responsables municipaux peuvent contribuer de manière significative à la la gestion de l'eau à l'échelle appropriée, tout en augmentant la confiance dans les politiques publiques grâce à l'engagement de toutes les parties prenantes. Ce rapport et la *Table ronde des maires africains pour la sécurité de l'eau* qui en découle visent à accélérer l'action à tous les niveaux pour atteindre l'ODD n°6 visant à garantir la disponibilité et la gestion durable de l'eau et de l'assainissement pour tous sur le continent et au-delà.

Cette publication contribue au travail du Comité des politiques de développement régional (RDPC). Elle a été approuvée par les délégués du RDPC par procédure écrite le 18 février 2021 sous la cote CFE/RDPC(2021)2.

Remerciements

Ce rapport a été préparé par le Centre de l'OCDE pour l'entrepreneuriat, les PME, les régions et les villes (CFE) dirigé par Lamia Kamal-Chaoui, Directrice, dans le cadre du programme de travail et budget du Comité des politiques de développement régional. Il a été écrit dans le cadre du *Programme de l'OCDE sur la sécurité hydrique pour le développement durable en Afrique*, lancé en 2018 par le Secrétaire général de l'OCDE, et développé en coopération avec le Royaume du Maroc et le Conseil Mondial de l'Eau, à la suite de la 6ème édition du Grand Prix mondial de l'eau Roi Hassan II.

Maria Salvetti, Economiste de l'eau et Analyste de politiques publiques au sein du Programme sur la gouvernance de l'eau de l'OCDE, a coordonné le dialogue de politiques publiques général sous la supervision d'Aziza Akhmouch, Cheffe de la Division des villes, des politiques urbaines et du développement durable du CFE. Oriana Romano, Cheffe du Programme sur la gouvernance de l'eau, et Juliette Lassman et Mélissa Kerim-Dikeni, Analystes de politiques publiques junior, ont apporté des contributions substantielles. Arthur Minsat, Chef de l'Unité Europe, Moyen-Orient et Afrique, a fourni des commentaires sur des versions précédentes du rapport.

Le Secrétariat de l'OCDE exprime sa reconnaissance pour le soutien et l'engagement de Cités et Gouvernements Locaux Unis (CGLU) d'Afrique dans la réalisation de l'enquête de l'OCDE sur la gouvernance de l'eau et pour ses commentaires sur le rapport, en particulier: Jean-Pierre Elong Mbassi, Secrétaire général ; Mohamed Nbou, Directeur du Département Climat, biodiversité et sécurité alimentaire, Chef du Groupe de travail climat ; Soumia Benlebsir, Cheffe de Projet pour la Mobilisation des parties prenantes et la territorialisation des contributions nationales ; et Nisrine Bennani, Cheffe de Projet pour la Mobilisation des financements climat.

Des remerciements particuliers sont ici adressés aux villes qui ont participé à l'enquête sur la gouvernance de l'eau (Annexe A) : Abidjan (Côte d'Ivoire) ; Abuja (Nigéria) ; Accra (Ghana) ; Al Hoceima (Maroc) ; Antananarivo (Madagascar) ; Bama (Burkina Faso) ; Bangangté (Cameroun) ; Bangui (République centrafricaine) ; Banjul (Gambie) ; Bobo-Dioulasso (Burkina Faso) ; Brazzaville (République du Congo) ; Le Cap (Afrique du Sud) ; Chefchaouen (Maroc) ; Cocody (Côte d'Ivoire) ; Cotonou (Bénin) ; Dakar (Sénégal) ; Dionaba (Mauritanie) ; Fès (Maroc) ; Golf 3 (Togo) ; Kampala (Ouganda) ; Kanembakache (Niger) ; Lomé (Togo) ; Lusaka (Zambie) ; Maputo (Mozambique) ; Marrakech (Maroc) ; Mbour (Sénégal) ; Meknès (Maroc) ; Monrovia (Libéria) ; Nouakchott (Mauritanie) ; Rabat (Maroc) ; Rosso (Mauritanie) ; Saint-Louis (Sénégal) ; Tanger (Maroc) ; Tétouan (Maroc) ; Thiès (Sénégal) ; et Vogan (Togo).

En outre, le projet de rapport a bénéficié des commentaires de Kevin Collins, Maître de conférences Environnement et Systèmes à l'Open University ; Colin Herron, Spécialiste principal de la gestion des ressources en eau au Global Water Partnership ; Donal O'Leary, Conseiller principal chez Transparency International ; Debjyoty Mukherjee, Spécialiste principal du financement des partenariats public-privé (PPP) à la Banque Africaine de Développement ; Barbara Schreiner, Directrice exécutive du Water Integrity Network; et Rob Uijterlinde des Autorités néerlandaises de l'eau.

Le contenu de ce rapport a été passé en revue lors de deux webinaires avec les villes participant à l'enquête et les principales parties prenantes le 17 septembre 2020 et le 1 mars 2021. Le rapport a été soumis pour approbation par procédure écrite au Comité des politiques de développement régional le 18 février 2021 sous la cote CFE/RDPC(2021)2. Des remerciements particuliers sont adressés à Pilar Philip pour la préparation du rapport en vue de sa publication, et à Eleonore Morena pour l'édition et la mise en forme du rapport.

Table des matières

Préface 3

Avant-propos 4

Remerciements 5

Abréviations et acronymes 9

Résumé 10

1 Sécurité hydrique et principales mégatendances dans les villes africaines 13
  Principaux défis liés à la sécurité hydrique dans les villes africaines : état des lieux 14
  COVID-19 et sécurité hydrique dans les villes africaines 40
  Références 43
  Notes 47

2 Cartographie des politiques et institutions clé de l'eau dans les villes africaines 49
  Politiques de l'eau dédiées aux niveaux national et local en Afrique 52
  Institutions en charge de l'eau aux niveaux national et local en Afrique 58
  Références 62
  Note 63

3 Défis de la gouvernance de l'eau dans les villes africaines 65
  Gérer l'eau à l'échelle appropriée 68
  Assurer la cohérence des politiques intersectorielles 72
  Améliorer les données, le suivi et l'évaluation liés à l'eau 76
  Combler le déficit de financement 86
  Résoudre les problèmes de transparence et d'intégrité 94
  Renforcer l'engagement des parties prenantes 98
  Références 106

Annexe A. Enquête de l'OCDE sur la gouvernance de l'eau 109

GRAPHIQUES

Graphique 1.1. Une approche de la sécurité hydrique fondée sur les risques : cadre d'analyse de l'OCDE 15
Graphique 1.2. Couverture en eau courante à Dakar, Sénégal 21

Graphique 1.3. Fourniture de services d'eau dans les zones d'habitats informels à Ouagadougou, au Burkina Faso 24
Graphique 1.4. Évolution des prélèvements d'eau en Afrique, de 1998 à 2017 30
Graphique 1.5. Aléas climatiques en Afrique, 2016 33
Graphique 1.6. Évolution du niveau d'urbanisation en Afrique de 1990 à 2015, en pourcentage 35
Graphique 1.7. Évolution de la part de la population urbaine vivant dans des bidonvilles dans les pays africains, 1990-2018 36
Graphique 1.8. Population totale projetée d'ici 2050 de l'Afrique et des régions africaines 37
Graphique 1.9. Évolution de la population urbaine en Afrique, 1950-2015 38
Graphique 1.10. Évolution annuelle et projection du taux de croissance de la population urbaine, 1950-2050 39
Graphique 1.11. Croissance démographique dans certaines villes africaines, 1950-2015 39
Graphique 1.12. Installations de lavage des mains fixes ou mobiles dans une sélection de pays africains 41
Graphique 2.1. Villes africaines ayant répondu à l'enquête de l'OCDE sur la Gouvernance de l'Eau 51
Graphique 2.2. Existence de politiques nationales de l'eau et de l'assainissement en Afrique, 2018/2019 52
Graphique 2.3. Existence de plans nationaux de mise en œuvre de l'eau et de l'assainissement en Afrique, 2018/2019 53
Graphique 2.4. Tarifs sociaux pour les catégories vulnérables dans les villes africaines étudiées 56
Graphique 2.5. Niveaux de gouvernement responsables de la fourniture des services d'eau dans certains pays africains 58
Graphique 2.6. Formes d'accès à l'eau dans les villes étudiées 60
Graphique 2.7. Formes de prestation de services d'assainissement dans les villes étudiées 62
Graphique 3.1. Vue d'ensemble des Principes de l'OCDE sur la Gouvernance de l'Eau 67
Graphique 3.2. Suivi de la GIRE en Afrique (dimension 1 de l'ODD 6.5.1), 2017 69
Graphique 3.3. État des plans de gestion de bassin en Afrique 70
Graphique 3.4. Politiques publiques sectorielles ayant le plus d'influence sur la gestion de l'eau en milieu urbain dans les villes étudiées 73
Graphique 3.5. Utilisation des sols dans une sélection de villes africaines 74
Graphique 3.6. Qualité de l'eau potable et flux d'eaux usées traitées et volumes de boues fécales, 2018/2019 78
Graphique 3.7. Fréquence de la surveillance en pratique par rapport aux exigences, 2018/2019 79
Graphique 3.8. Indicateurs sur la performance des services d'eau et d'assainissement dans les pays africains, 2018/2019 80
Graphique 3.9. Disponibilité des données locales sur les services d'eau et d'assainissement dans les villes étudiées 81
Graphique 3.10. Données locales disponibles sur la gestion des risques liés à l'eau dans les villes africaines étudiées 85
Graphique 3.11. Sources potentielles de financement et de financement des investissements liés à l'eau 88
Graphique 3.12. Total des sources de financement du secteur de l'eau en Afrique, 2013-2018 89
Graphique 3.13. Coûts annuels requis par défi lié à l'eau pour le continent africain, % du PIB 90
Graphique 3.14. Part de l'investissement total dans l'eau et l'assainissement par région africaine, 2018 90
Graphique 3.15. Dispositions légales pour la participation des communautés locales à la planification de l'eau et de l'assainissement, en Afrique (ODD 6.b.1) 99
Graphique 3.16. Participation des communautés locales à la planification de l'eau et de l'assainissement dans les zones urbaines en Afrique (ODD 6.b.1) 100
Graphique 3.17. Principaux obstacles à l'engagement des parties prenantes dans les villes africaines étudiées 100
Graphique 3.18. Part des villes étudiées qui ont réalisé une cartographie des parties prenantes liées à l'eau 101
Graphique 3.19. Mécanismes d'engagement des parties prenantes utilisés dans les villes africaines étudiées 104

TABLEAUX

Tableau 1.1. État et tendance du suivi de l'ODD 6 dans les pays africains, 2019 15
Tableau 1.2. Principaux défis en matière de sécurité hydrique dans les villes africaines étudiées 17
Tableau 1.3. Fréquence et conséquences des inondations et glissements de terrain en Afrique de 2005 à 2020 19
Tableau 1.4. Accès urbain à l'eau courante gérée en toute sécurité dans certains pays africains (2000-2017) 20
Tableau 1.5. Suivi des ODD 6.3.1 (2015) et 6.3.2 (2017) pour les pays africains 27
Tableau 1.6. Niveau de stress hydrique par pays africain, 2019 28
Tableau 1.7. Principales mégatendances affectant la sécurité hydrique dans les villes africaines 31
Tableau 2.1. Villes africaines ayant participé à l'enquête de l'OCDE sur la gouvernance de l'eau 51

Tableau 2.2. Villes africaines dotées d'une politique dédiée à l'eau et à l'assainissement au niveau local 54
Tableau 2.3. Villes africaines avec une politique dédiée aux ressources en eau au niveau local 55
Tableau 2.4. Nombre de prestataires de services d'eau et d'assainissement par ville étudiée 59
Tableau 3.1. Pourcentage de déchets solides municipaux collectés dans certaines villes africaines 76
Tableau 3.2. Données sur l'eau et l'assainissement dans les villes étudiées 81
Tableau 3.3. Utilisation d'indicateurs de performance pour surveiller la qualité du service à Lusaka (Zambie) 82
Tableau 3.4. Suivi des performances de la Société nationale des eaux et des égouts, Ouganda 83
Tableau 3.5. Données sur la gestion des risques liés à l'eau dans les villes étudiées 85
Tableau 3.6. Sources de financement des services urbains d'eau et d'assainissement dans les villes étudiées 91
Tableau 3.7. Instruments économiques pour la gestion des ressources en eau dans les villes étudiées 93
Tableau 3.8. Mécanismes de transparence et d'intégrité dans les villes étudiées 96
Tableau 3.9. Liste de mécanismes d'engagement des parties prenantes actuels à Casablanca, Maroc 102
Tableau 3.10. Liste de mécanismes d'engagement des parties prenantes actuels en Ouganda 103

ENCADRÉS

Encadré 1.1. Mesures d'appui à l'eau et à l'assainissement dans les zones d'habitats informels du Cap, Afrique du Sud 22
Encadré 1.2. Les marchés informels évincent-ils les systèmes formels d'eau ? 23
Encadré 1.3. Le rôle des petits fournisseurs dans le Grand Maputo, au Mozambique 25
Encadré 1.4. Comment la crise de l'eau au Cap a ouvert la voie à la gestion de la crise du COVID-19 41
Encadré 2.1. Enquête de l'OCDE sur la gouvernance de l'eau dans les villes africaines 50
Encadré 2.2. Accès à l'eau et inégalité de genre 57
Encadré 2.3. Adaptation des standards de qualité à eThekwini, Afrique du Sud 61
Encadré 3.1. Les Principes de l'OCDE sur la gouvernance de l'eau 66
Encadré 3.2. Exemples d'organisations de bassins fluviaux en Afrique 70
Encadré 3.3. Contribution des taxes d'aménagement du territoire à l'extension du réseau et aux branchements sociaux à Casablanca (Maroc) 74
Encadré 3.4. Kampala Water and Sanitation Forum (KWSF) : soutenir un secteur WASH intégré 75
Encadré 3.5. Cartographie et engagement des parties prenantes de la LYDEC à Casablanca, au Maroc 101
Encadré 3.6. Cartographie et engagement des parties prenantes liées à l'eau en Ouganda 103
Encadré 3.7. Exemples réussis d'engagement des parties prenantes en Zambie 104

Abréviations et acronymes

AMCOW	African Ministers' Council on Water, Conseil des Ministres Africains de l'Eau
APD	Aide publique au développement
CAE	Communauté d'Afrique de l'Est
CCVI	Climate Change Vulnerability Index, Indice de Vulnérabilité au Changement Climatique
CFA	Communauté Financière Africaine
CGLU Afrique	Cités et Gouvernements Locaux Unis d'Afrique
CICOS	Commission internationale du bassin du Congo-Oubangui-Sangha
CNUCED	Conférence des Nations Unies sur le commerce et le développement
EM-DAT	Emergency Events Database, Base de données sur les événements d'urgence
GIEC	Groupe d'experts intergouvernemental sur l'évolution du climat
GIRE	Gestion intégrée des ressources en eau
KCCA	Kampala Capital City Authority
KWSF	Kampala Water and Sanitation Forum, Forum sur l'eau et l'assainissement de Kampala
LICSU	Unité de Soutien aux Clients aux Faibles revenus
LuWSI	Lusaka Water Security Initiative, Initiative pour la sécurité hydrique à Lusaka
LYDEC	Lyonnaise des Eaux Casablanca
NWASCO	National Water and Sanitation Council, Conseil National de l'Eau et de l'Assainissement (Ouganda)
NWSC	National Water and Sewerage Corporation, Société Nationale de l'Eau et de l'Assainissement (Ouganda)
OCDE	Organisation pour la coopération et le développement économiques
OMVS	Organisation pour la valorisation du fleuve Sénégal
ONEA	Office National de l'Eau et de l'Assainissement
ODD	Objectif de développement durable
OMS	Organisation Mondiale de la Santé
ONU	Organisation des Nations Unies
PIB	Produit intérieur brut
ONU-Habitat	Programme des Nations Unies pour les établissements humains
PNUD	Programme des Nations Unies pour le développement
SONES	Société Nationale des Eaux du Sénégal (Société Nationale des Eaux du Sénégal)
TIC	Technologies de l'information et de la communication
UN-DESA	Département des affaires économiques et sociales des Nations Unies
UNICEF	Fonds des Nations Unies pour l'Enfance
USAID	Agence des États-Unis pour le développement international
TVA	Taxe sur la valeur ajoutée
WASH	Water, Sanitation and Hygiene, Eau, assainissement et hygiène
WSS	Water supply and sanitation, Services d'eau et d'assainissement
WWG	Water Watch Group, Groupe de Surveillance de l'Eau

Résumé

La pandémie du COVID-19 a mis en exergue les défis pressants liés à l'eau et à l'assainissement dans les villes africaines, soulignant et creusant les inégalités pour les 56% de la population urbaine vivant dans des zones d'habitats informels et comptant sur des toilettes partagées et des points d'eau publics pour le lavage des mains. Avec approximativement 100 000 décès liés au COVID-19 en février 2021 selon les statistiques disponibles à la date de publication du rapport, l'Afrique n'est pas le continent le plus durement touché, mais les villes africaines, aux côtés des gouvernements nationaux, compte tenu de la densité de population plus élevée en milieu urbain et du grand nombre de lieux de promiscuité tels que les marchés ou les transports publics, ont été à l'avant-garde de l'action politique menée pour contenir la propagation du virus.

Avant la pandémie, les pays et les villes du continent africain étaient déjà confrontés à des problèmes d'eau croissants. Par exemple, en Afrique subsaharienne uniquement, 40% de la population n'a pas accès à des services élémentaires d'approvisionnement en eau et 70% à un assainissement de base, et subit les problèmes récurrents d'inondations, de sécheresse et de pollution. Plus précisément, dans les zones urbaines d'Afrique subsaharienne, seulement 20% de la population a accès à un service d'assainissement géré en toute sécurité et 25% à un assainissement de base. Selon le rapport du Programme conjoint OMS/UNICEF de suivi de l'approvisionnement en eau, de l'assainissement et de l'hygiène (Joint Monitoring Programme, JMP), en 2017, 9% de la population urbaine au Libéria avait accès à un service d'eau géré en toute sécurité contre 99% en Afrique du Sud, et un creusement de ces écarts depuis 2000. Outre les problèmes récurrents de pénurie d'eau, les inondations constituent les catastrophes liées à l'eau les plus fréquentes et la plus répandue en Afrique, en particulier en Afrique subsaharienne où 654 inondations ont touché 38 millions de personnes au cours des 33 dernières années. Dans les villes africaines, les risques d'inondations (qu'elles soient pluviales, côtières ou fluviales) sont largement exacerbés par une urbanisation rapide, une croissance urbaine incontrôlée et l'expansion non réglementée des zones d'habitats informels dans les basses plaines inondables. L'eau contaminée représente un autre problème majeur en Afrique, puisque chaque heure, environ 115 personnes meurent de maladies liées à une mauvaise hygiène, un mauvais assainissement ou une eau contaminée.

En plus des transformations économiques que connait l'Afrique, des mégatendances liées au changement climatique, à l'urbanisation et à la croissance démographique accentuent la pression sur les ressources en eau et requièrent une attention particulière de la part des villes africaines pour faire face à ces défis. On estime que le nombre total de personnes vivant dans des zones urbaines confrontées à une pénurie d'eau permanente passera à 162 millions d'ici 2050. L'Afrique est également l'un des continents les plus vulnérables au changement climatique, les températures projetées devant augmenter plus rapidement que la moyenne mondiale tout au long du 21ème siècle, et les deux tiers des villes africaines sont exposés à un risque « extrême » de chocs liés au climat, en raison de la croissance démographique (4% par an) et de l'insuffisance et l'obsolescence des infrastructures urbaines. Pas moins de 86 des 100 villes à la croissance la plus rapide au monde sont situées en Afrique, la plupart s'étendant rapidement. D'ici 2050, deux tiers de l'urbanisation se fera dans les villes intermédiaires, dans lesquelles le développement des infrastructures est moins évident que dans les grandes villes. Dans un tel contexte, atteindre l'ODD n°6 visant à garantir la disponibilité et la gestion durable de l'eau et de l'assainissement pour tous est une tâche ardue afin de ne laisser personne de côté, en particulier là où les conditions de gouvernance de l'eau ne sont pas en place.

Selon les Principes de l'OCDE sur la Gouvernance de l'Eau, faire face aux défis actuels et futurs liés à l'eau requiert des politiques publiques robustes ciblant des objectifs mesurables dans des délais prédéterminés à l'échelle appropriée, et reposant sur une définition claire des responsabilités entre les autorités concernées et régulièrement soumises à des contrôles de suivi et évaluation. La gouvernance de l'eau peut grandement contribuer à l'élaboration et à la mise en œuvre de ces politiques, dans le cadre d'une responsabilité partagée aux niveaux national, régional, et local, ainsi qu'au niveau des bassins, mais aussi en coopération avec la société civile, les entreprises et le plus large éventail de parties prenantes qui ont un rôle important à jouer afin de récolter les bénéfices économiques, sociaux et environnementaux liés à la sécurité hydrique.

Alors que la gestion des ressources en eau, comme de nombreuses autres politiques publiques, reste largement centralisée dans la plupart des pays africains, les villes ont un rôle de plus en plus important à jouer pour assurer et renforcer la sécurité hydrique. D'une part, les autorités municipales ont des responsabilités essentielles pour garantir la fourniture efficace, efficiente et inclusive d'eau potable et d'assainissement au titre des services publics locaux. D'autre part, les maires et les leaders locaux, qui sont plus proches des citoyens et des besoins locaux, peuvent contribuer de manière significative à la gestion de l'eau à la ou aux échelles appropriées au sein de systèmes de bassin intégrés, afin de remédier à la non-concordance entre les limites hydrologiques et administratives.

Sur la base d'une enquête sur la gouvernance de l'eau conduite auprès de 36 villes de toutes tailles en Afrique, ce rapport fournit un aperçu régional de la répartition des rôles et responsabilités en matière de gestion de l'eau, de l'existence et de la mise en œuvre de cadres institutionnels, politiques et réglementaires, ainsi que des déficits de gouvernance qui doivent être comblés afin de renforcer la capacité des autorités municipales à promouvoir la sécurité hydrique sur le continent.

Les principales conclusions de l'enquête sur la gouvernance de l'eau sont les suivantes :

- Dans une majorité de pays africains, la politique de l'eau est conduite au niveau national par un ministère de tutelle souvent chargé de la plupart des fonctions réglementaires, y compris la fixation des tarifs, la définition et le suivi des normes de qualité, ainsi que la protection et l'engagement des consommateurs. Un grand nombre de pays africains ont également mis en place des opérateurs nationaux pour les services d'eau, accroissant ainsi davantage le leadership national.
- La dernière décennie a vu croître le leadership des autorités locales dans le domaine de la politique de l'eau. Outre les politiques nationales de l'eau, une part importante des villes de l'enquête a adopté des politiques locales dédiées, des plans d'investissement et des programmes pour l'eau potable et l'assainissement (75%) ou la gestion des ressources en eau (42%). Une grande majorité (80%) des villes qui ont adopté de telles politiques locales déclarent qu'elles contribuent à surmonter la fragmentation sectorielle des politiques publiques qui génère souvent une mauvaise planification, un manque de cohérence de ces politiques et un mauvais alignement des incitations.
- Lorsqu'elles existent, ces politiques locales de l'eau facilitent généralement la coordination avec les politiques stratégiques de développement urbain telles que le logement, l'utilisation des sols et la gestion des déchets solides, et incluent des mesures sociales et des dispositions ciblées en faveur des catégories vulnérables de la population pouvant prendre la forme d'une garantie d'un volume d'eau minimum pour les besoins de base (comme à Al Hoceima, Cotonou et Brazzaville), une redevance de raccordement social et / ou un tarif social.
- En termes d'évaluation et de suivi, l'enquête montre une situation contrastée avec la moitié des villes disposant de données et d'informations partielles et incomplètes sur l'eau ne permettant pas de guider efficacement l'élaboration des politiques et la prise de décision au niveau local.

- Toutes les villes de l'enquête considèrent que le manque de financement constitue un obstacle majeur à la bonne gouvernance de l'eau, non seulement en raison de l'utilisation et de l'adoption limitées d'instruments économiques tels que les redevances prélèvement et pollution ; mais aussi parce qu'il faudrait entre 9 et 14 milliards USD par an pour assurer la sécurité hydrique sur l'ensemble du continent africain.
- Bien que moins de la moitié des villes de l'enquête signalent l'existence de procédures de passation des marchés et de principes de transparence budgétaire clairs, la corruption reste une préoccupation importante dans beaucoup de pays d'Afrique, l'Afrique subsaharienne étant la région la moins bien notée dans l'Indice annuel de Perception de la Corruption de Transparency International malgré une grande diversité sur le continent.

1 Sécurité hydrique et principales mégatendances dans les villes africaines

Ce chapitre décrit les défis auxquels les pays et les villes africains sont confrontés pour faire face aux risques liés à l'eau (abondance de l'eau et inondations, accès insuffisant à l'eau et à l'assainissement, pollution de l'eau et pénurie d'eau et sécheresses) et renforcer la sécurité hydrique. Il souligne ensuite comment les mégatendances, notamment le changement climatique, l'urbanisation et les changements démographiques, exacerbent ces risques liés à l'eau. Enfin, il se concentre sur les problèmes que la pandémie du COVID-19 apporte en termes de sécurité hydrique dans les pays africains.

Principaux défis liés à la sécurité hydrique dans les villes africaines : état des lieux

Un nombre croissant de pays à travers le monde sont confrontés à des défis dans la gestion des risques liés à l'eau et le renforcement de la sécurité hydrique. Ces défis ont de sérieuses implications en termes d'atteinte des objectifs sociétaux, tels que l'approvisionnement en eau potable, la gestion des eaux usées, la sécurité alimentaire et énergétique, l'amélioration de la santé, des écosystèmes durables, l'éradication de la pauvreté et une croissance économique soutenue. La rareté de l'eau, les catastrophes hydriques et les événements météorologiques extrêmes, tels que les inondations, les sécheresses, et les échecs de l'atténuation et de l'adaptation au changement climatique, figurent parmi les principaux risques mondiaux évalués dans le *Rapport sur les risques mondiaux* 2020 du Forum économique mondial (World Economic Forum, 2020[1]).

L'OCDE définit la sécurité hydrique comme la gestion de quatre risques liés à l'eau :

- **Risque de pénurie et de rareté** (y compris les sécheresses) : manque d'eau suffisante pour répondre à la demande (à court et à long terme) pour des usages bénéfiques par tous les utilisateurs d'eau (ménages, entreprises et environnement).
- **Risque de qualité insuffisante** : manque d'eau de qualité adaptée à un but ou à un usage particulier.
- **Risque d'excès** (y compris d'inondations) : débordement des limites normales d'un système d'eau (naturel ou bâti) ou accumulation destructrice d'eau sur des zones qui ne sont normalement pas submergées.
- **Risque d'accès inadéquat à l'approvisionnement en eau potable et à l'assainissement** : manque d'accès à des services d'eau et d'assainissement gérés en toute sécurité (graphique 1.1).

Dans de nombreux pays, la sécurité hydrique est de plus en plus menacée par les effets du changement climatique, de la croissance économique, de l'urbanisation et de l'évolution démographique, entre autres. L'eau douce accessible et de bonne qualité est une ressource limitée et très variable dans l'espace et dans le temps, et les tendances futures affecteront la disponibilité et la qualité de l'eau. L'OCDE prévoit que d'ici 2050, 40% de la population mondiale vivra dans des bassins fluviaux soumis à un stress hydrique, et que la demande en eau augmentera de 55% (OECD, 2012[2]). Les risques d'inondations devraient augmenter rapidement tant dans les pays de l'OCDE que dans les économies non membres de l'OCDE, avec un fort potentiel de pertes en vies humaines et en biens. La surexploitation et la contamination des aquifères dans le monde provoquent des problèmes importants pour la sécurité alimentaire, la santé des écosystèmes et l'approvisionnement en eau potable. En outre, d'ici 2050 et malgré les efforts mondiaux, 240 millions de personnes devraient toujours être sans accès à l'eau potable et 1,4 milliard sans accès à un assainissement de base. Des investissements importants sont nécessaires pour renouveler et moderniser les infrastructures, estimés à 6,7 milliards USD d'ici 2050 pour l'approvisionnement en eau et l'assainissement, et comprenant une plus large gamme d'infrastructures liées à l'eau qui pourraient tripler ce coût d'ici 2030 (OECD, 2015[3]).

Le continent africain n'échappe pas à ces observations car la sécurité hydrique est déjà un défi majeur pour les pays et les villes d'Afrique en raison de la demande accrue en eau liée à la croissance démographique, à l'urbanisation et aux impacts du changement climatique. Les tendances démographiques font grimper la demande en eau et la population urbaine africaine devrait presque doubler, passant de plus de 560 millions en 2015 à 1,1 milliard en 2050 (UN, 2015[4]). Avec 41% d'habitants vivant actuellement dans les villes d'Afrique subsaharienne (ASS) et une projection de 60% d'ici 2050 (UN, 2015[4]), l'urbanisation générera des défis spécifiques liés à l'accès à l'eau potable de qualité et à des services d'assainissement. Le changement climatique exacerbe également la pression sur les ressources en eau, les deux tiers des villes africaines étant estimées avoir un niveau de « risque extrême » en ce qui concerne les impacts du changement climatique. Il est estimé que le montant du PIB des pays africains exposés au « risque extrême » passera de 895 milliards USD en 2018 à 1 397 milliards USD en 2023 (Verisk Maplecroft, 2018[5]), ce qui représente 48% du PIB du continent africain. À titre d'exemple, en Afrique subsaharienne, l'effet cumulatif des dernières décennies indique que les inondations et les sécheresses sont à elles seules responsables d'environ 80% des décès liés aux catastrophes et de 70% des pertes économiques (Ndaruzaniye et al., 2010[6]). Les dommages aux infrastructures, aux biens de propriété et au capital physique causés par les cyclones tropicaux ou les inondations font partie des impacts les plus évidents, mais les sécheresses, les mauvaises récoltes et l'instabilité provoquées par le changement climatique peuvent également déplacer des millions de personnes vers les villes à travers la migration transfrontalière et rurale (Verisk Maplecroft, 2018[5]).

Graphique 1.1. Une approche de la sécurité hydrique fondée sur les risques : cadre d'analyse de l'OCDE

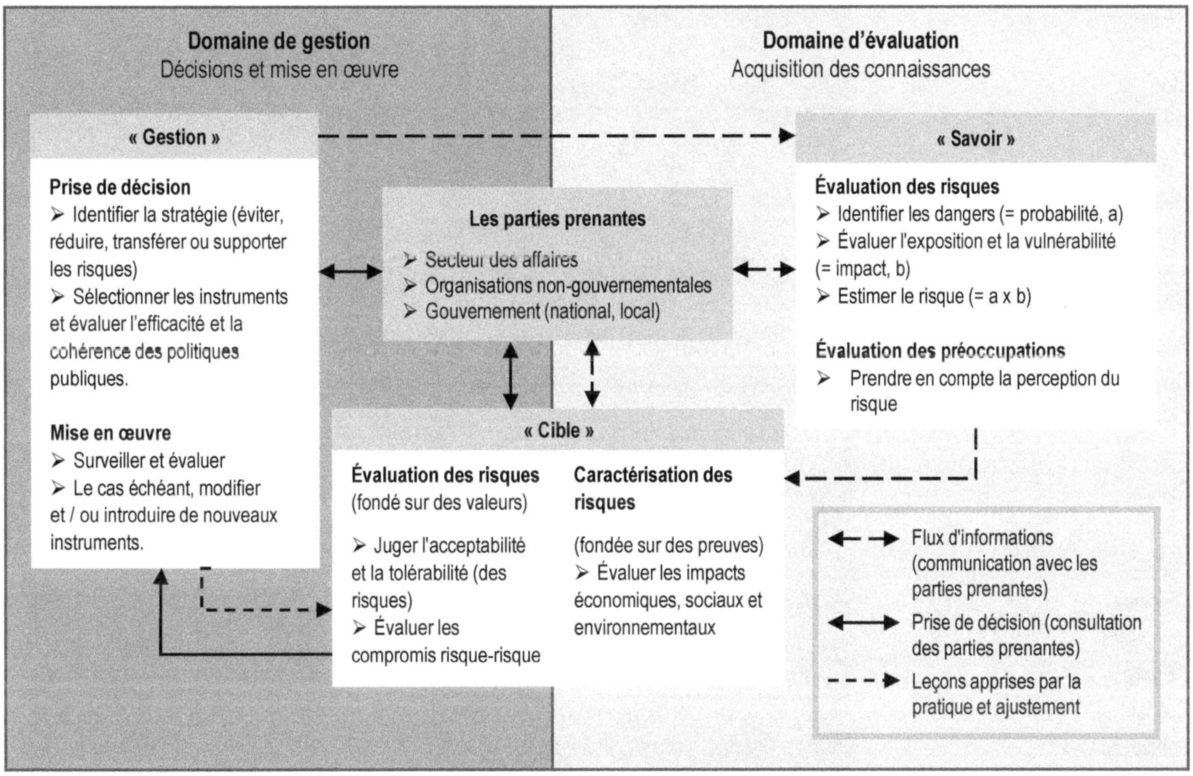

Source : OECD (2013[7]), *Water Security for Better Lives*, http://dx.doi.org/10.1787/9789264202405-en.

En outre, les derniers résultats de l'évaluation du suivi de l'Objectif de développement durable (ODD) 6 « Eau propre et assainissement » montrent que des défis importants ou majeurs subsistent dans tous les pays africains, tandis que la moitié d'entre eux montrent une tendance à la stagnation dans l'atteinte des différentes cibles associées à l'ODD 6 (tableau 1.1).

Tableau 1.1. État et tendance du suivi de l'ODD 6 dans les pays africains, 2019

	État de l'ODD 6	Tendance du suivi de l'ODD 6
	Afrique du Nord	
Algérie		
Égypte		
Libye		

	État de l'ODD 6	Tendance du suivi de l'ODD 6
Maroc		
Mauritanie		
Tunisie		
	Afrique de l'Ouest	
Bénin		
Burkina Faso		
Cabo Verde		
Côte d'Ivoire		
Gambie		
Ghana		
Guinée		
Guinée-Bissau		
Liberia		
Mali		
Niger		
Nigéria		
Sénégal		
Sierra Leone		
Togo		
	Afrique de l'Est	
Burundi		
Comores		
Djibouti		
Érythrée		
Éthiopie		
Kenya		
Rwanda		
Ouganda		
Seychelles		
Somalie		
Soudan		
Soudan du Sud		
Tanzanie		
	Afrique centrale	
Cameroun		
Gabon		
Guinée équatoriale		
Madagascar		
République centrafricaine		
République du Congo		
République démocratique du Congo		
Tchad		
	Afrique australe	
Afrique du Sud		
Angola		
Botswana		

	État de l'ODD 6	Tendance du suivi de l'ODD 6
Eswatini		
Île Maurice		
Lesotho		
Malawi		
Mozambique		
Namibie		
Sao Tomé et Principe		
Zambie		
Zimbabwe		

Note :
1. Afin d'évaluer l'état d'avancement d'un pays sur l'ODD 6, quatre tranches sont prises en compte. La bande verte est limitée par le maximum qui peut être atteint pour chaque variable (c'est-à-dire la limite supérieure) et le seuil pour atteindre l'ODD. Trois bandes de couleur allant du jaune à l'orange et au rouge indiquent une distance croissante par rapport à la réalisation des ODD. Les limites supérieure et inférieure sont les mêmes que pour l'indice décrit ci-dessus.
2. Pour estimer la tendance de l'ODD 6, les taux de croissance annuels linéaires (c'est-à-dire les améliorations annuelles en pourcentage) nécessaires pour atteindre l'objectif d'ici 2030 (c'est-à-dire 2010-2030) sont calculés et comparés au taux de croissance annuel moyen sur la période la plus récente (par exemple 2015-2018). Les progrès vers la réalisation de l'ODD 6 sont décrits à l'aide d'un système de codage à quatre couleurs (par exemple vert, jaune, orange et rouge).
Des défis majeurs subsistent
Des défis importants subsistent / Stagnation
Hausse modérée
En bonne voie
Source : SDGC/A and SDSN (2020[8]), *Africa SDG Index and Dashboards Report 2020*, Sustainable Development Goals Center for Africa and Sustainable Development Solutions Network.

Les villes africaines participant à l'enquête de l'OCDE sur la gouvernance de l'eau menée de mai à septembre 2020 (Annexe A) reconnaissent leur exposition concomitante à de nombreux risques et défis liés à l'eau, comme indiqué ci-dessus. Les inondations et l'accès insuffisant à l'eau et à l'assainissement sont les principaux défis à ce jour, suivis par d'autres défis persistants liés à la pollution de l'eau, à la pénurie d'eau et aux sécheresses, au vieillissement des infrastructures hydrauliques, aux maladies d'origine hydrique et, enfin et surtout, à la concurrence sur l'utilisation de l'eau (tableau 1.2). Les sections suivantes mettent ces défis, en matière de sécurité hydrique, en perspective afin de dresser un aperçu continental.

Tableau 1.2. Principaux défis en matière de sécurité hydrique dans les villes africaines étudiées

Villes	Inondations	Couverture insuffisante de services d'eau et d'assainissement	Pollution de l'eau	Pénurie d'eau et sécheresses	Vieillissement, obsolescence ou absence d'infrastructures	Maladies d'origine hydrique	Concurrence /conflits sur l'attribution de l'eau
Lusaka (Zambie)							
Le Cap (Afrique du Sud)							
Kampala (Ouganda)							
Monrovia (Liberia)							
Golf 3 (Togo)							
Kanembakache (Niger)							
Saint Louis (Sénégal)							
Nouakchott (Mauritanie)							
Bangui (République centrafricaine)							

Villes	Inondations	Couverture insuffisante de services d'eau et d'assainissement	Pollution de l'eau	Pénurie d'eau et sécheresses	Vieillissement, obsolescence ou absence d'infrastructures	Maladies d'origine hydrique	Concurrence /conflits sur l'attribution de l'eau
Brazzaville (République du Congo)							
Cotonou (Bénin)							
Lomé (Togo)							
Bama (Burkina Faso)							
Abidjan (Côte d'Ivoire)							
Antananarivo (Madagascar)							
Cocody (Côte d'Ivoire)							
Thiès (Sénégal)							
Vogan (Togo)							
Bangangte (Cameroun)							
Mbour (Sénégal)							
Maputo (Mozambique)							
Abuja (Nigéria)							
Al Hoceima (Maroc)							
Rabat (Maroc)							
Chefchaouen (Maroc)							
Accra (Ghana)							
Dakar (Sénégal)							
Marrakech (Maroc)							
Meknès (Maroc)							
Fès (Maroc)							
Tanger (Maroc)							
Tetouan (Maroc)							
Bobo-Dioulasso (Burkina Faso)							
Rosso (Mauritanie)							
Dionaba (Mauritanie)							
Banjul (Gambie)							

Note : 36 villes interrogées sur « Quels sont les risques liés à l'eau les plus importants dans votre ville? ».

- Très important
- Important
- Pas important
- Pas de réponse

Source : OECD (2021[9]), *OECD Survey on Water Governance in African Cities*, OECD, Paris.

Abondance d'eau et inondations

Dans le monde, les inondations affectent 2,5 milliards de personnes et sont la cause de plus de 55% de tous les décès (EM-DAT, 2020[10]) et plus de 30% des pertes économiques mondiales dues aux catastrophes naturelles (Hallegatte et al., 2013[11]). Les inondations représentent la catastrophe liée à l'eau la plus fréquente et la plus répandue en Afrique, en particulier en Afrique subsaharienne où 654 inondations ont touché 38 millions de personnes au cours des 33 dernières années (Tiepolo, 2014[12]). Au cours des quinze dernières années seulement, les inondations et les glissements de terrain ont affecté

38 millions de personnes en Afrique et causé des dommages estimés à plus de 4 milliards USD, principalement en Afrique de l'Est et de l'Ouest (tableau 1.3).

À Kampala (Ouganda), les inondations annuelles causées par des précipitations de convection extrêmes d'une durée moyenne de deux heures ou plus sont passées de cinq événements en 1993 à dix en 2014 (Douglas, 2017[13]). Au Nigéria uniquement, les inondations de 2012 ont touché 32 États (sur un total de 36) et ont affecté environ 7,7 millions de personnes (Nkwunonwo, Whitworth et Baily, 2016[14]). Plus récemment, les inondations de 2020 en Afrique de l'Est ont touché au moins 700 000 personnes au Burundi, à Djibouti, en Éthiopie, au Kenya, en Ouganda, en République Démocratique du Congo, au Rwanda, en Somalie et en Tanzanie.

Tableau 1.3. Fréquence et conséquences des inondations et glissements de terrain en Afrique de 2005 à 2020

Région	Nombre de catastrophes hydrologiques	Jours totaux	Nombre total de personnes affectées	Dommages totaux (en milliers USD)
Afrique de l'Est	183	1 758	11 754 048	1 093 136
Afrique centrale	74	622	2 847 250	29 000
Afrique du Nord	44	583	5 794 534	1 184 100
Afrique australe	24	296	990 643	838 000
Afrique de l'Ouest	124	1 830	17 218 766	1 298 515
Total Afrique	**49**	**5 089**	**38 605 241**	**4 442 751**

Source : EM DAT (2020[10]), *EM-DAT Database*, https://www.emdat.be/database.

Les risques d'inondations (qu'elles soient pluviales, côtières ou fluviales) dans les villes africaines sont largement exacerbés par l'urbanisation rapide, la croissance urbaine incontrôlée et les zones d'habitats informels non réglementés dans les zones de plaine inondable de basse altitude. Les crues éclair résultent de précipitations de forte intensité se produisant principalement sur des pentes raides. Les inondations pluviales se produisent généralement dans les zones urbaines au sein desquelles la capacité du système de drainage est submergée par des précipitations intenses (Begum, Stive et Hall, 2007[15] ; Houston et al., 2011[16] ; Merz, Thieken et Gocht, 2007[17]). Les inondations fluviales sont déclenchées par des précipitations excessives de quelques heures, provoquant le dépassement du lit naturel ou artificiel d'une rivière et l'inondation des zones urbaines (Vojinović, 2015[18]). Les inondations côtières touchent généralement les villes proches de l'océan ou des côtes en raison des ondes de tempête saisonnières (Vojinović, 2015[18]). L'inondation d'Ogunpa survenue à Ibadan (Nigéria), qui a fait plus de 200 morts et détruit des actifs valant des millions de nairas, était due à une combinaison d'inondations soudaines, fluviales et pluviales (Etuonovbe, 2011[19]).

L'urbanisation, qui amplifie l'imperméabilisation des sols dans l'environnement bâti, empêche les précipitations de s'infiltrer dans le sol, augmentant le taux et le volume de ruissellement lors d'événements pluvieux. À Kampala, en Ouganda, la construction de structures non réglementées dans les zones d'habitats informels a considérablement réduit l'infiltration des précipitations, augmentant leur ruissellement jusqu'à six fois plus que ce qui se produirait sur un terrain naturel (ActionAid, 2006[20]). Si une partie de l'augmentation est probablement due au changement climatique, elle résulte également en grande partie d'un changement de couverture terrestre. Ainsi, même des tempêtes modérées produisent des débits élevés, avec des inondations plus importantes et plus fréquentes (ActionAid, 2006[20]) (Satterthwaite, 2008[21]).

Les citadins pauvres et les habitants des établissements urbains non planifiés sont touchés de manière disproportionnée par les inondations (voir, par exemple, (Douglas, 2017[13])) car ces établissements sont généralement construits sur des terres marginales, y compris des zones sujettes aux inondations, comme illustré par des villes telles que Lusaka (Zambie) (Nchito, 2007[22]), Port Elizabeth (Afrique du Sud) et Johannesburg (Afrique du Sud) (Viljoen et Booysen, 2006[23]). En outre, les matériaux de faible qualité utilisés pour la construction augmentent les dommages causés par les inondations et les décès dans les zones d'habitats informels (Pharoah, 2014[24]). Les inondations fréquentes ne font pas qu'endommager les propriétés et entraîner des pertes directes en vies humaines ; elles perturbent également la circulation et exposent les personnes à des risques sanitaires en raison de l'exposition aux eaux usées, aux déchets industriels et aux maladies d'origine hydrique (Vinay, 2017[25]).

Accès insuffisant à l'eau et à l'assainissement

Selon les rapports du JMP, l'accès à l'eau courante gérée en toute sécurité en zone urbaine varie de 9% au Libéria à 99% en Afrique du Sud, avec une évolution à la hausse et à la baisse de 2000 à 2017. Les évolutions à la baisse soulignent les difficultés auxquelles les villes sont confrontées pour étendre les infrastructures hydriques dans un contexte de croissance de la population urbaine et d'urbanisation non planifiée (tableau 1.4). Il est estimé que le nombre total de personnes vivant dans les zones urbaines avec une pénurie d'eau permanente passera de 24 millions en 2000 à 162 millions en 2050 (McDonald et al., 2011[26]).

Tableau 1.4. Accès urbain à l'eau courante gérée en toute sécurité dans certains pays africains (2000-2017)

Villes	2000	2017
Bénin	67	54
Burkina Faso	82	74
Cameroun	71	61
Côte d'Ivoire	72	62
Gambie	85	84
Ghana	80	40
Liberia	25	9
Madagascar	59	70
Maroc	95	94
Mauritanie	44	66
Mozambique	55	75
Niger	86	83
Nigeria	37	15
République centrafricaine	49	NA
République du Congo	85	73
Sénégal	85	86
Afrique du Sud	99	98
Togo	74	45
Ouganda	61	53
Zambie	82	68

Source : WHO/UNICEF (2019[27]), "Progress on household drinking water, sanitation and hygiene 2000-17. Special focus on inequalities", World Health Organization and United Nations Children's Fund, New York.

Les disparités liées à l'accès à l'eau en milieu urbain dans les pays africains sont liées aux caractéristiques de l'habitat urbain ; mais les moyennes nationales masquent également de grandes disparités à l'échelle nationale, à l'intérieur et entre les villes, et entre les zones rurales et urbaines, selon l'endroit où les infrastructures et les services publics sont concentrés. Ces derniers ont tendance à être principalement situés dans les zones centrales et planifiées des villes africaines, tandis que l'accès aux services diminue plus on s'éloigne des centres-villes. Par exemple, en Côte d'Ivoire, des audits urbains en 2013 ont montré que les établissements périurbains et informels manquaient d'infrastructures et de services publics adéquats qui étaient au contraire présents dans le cœur des villes. À Accra (Ghana), l'accès à l'eau courante, à l'évacuation des déchets et aux toilettes diminue à mesure que la distance par rapport au centre-ville augmente (Vinay, 2017[25]). La même situation est observée à Maputo (Mozambique).

La croissance démographique et l'urbanisation rapide en périphérie des villes, entre autres, submergent déjà les infrastructures urbaines existantes et remettent en question la capacité des institutions à répondre à la demande en eau. La croissance économique et l'émergence d'une classe moyenne avec des besoins en eau croissants vont également faire croître cette demande en eau. Ce constat est particulièrement alarmant dans un contexte de changement climatique et de pénurie d'eau. Certaines villes africaines devraient être particulièrement touchées par cette évolution telles que Bamako (Mali), Kampala (Ouganda), Lagos (Nigéria), Niamey (Niger) et Ouagadougou (Burkina Faso) car elles se trouvent dans des zones à haut risque de stress hydrique (Vörösmarty et al., 2010[28]).

Habituellement, les personnes pauvres vivant dans des zones d'habitats informels doivent compter sur de multiples sources d'eau (par exemple les forages, la collecte des pluies, etc.) sujettes à des risques sanitaires. Néanmoins, certaines villes africaines ont réussi à fournir un accès à l'eau courante améliorée à leurs populations les plus vulnérables.

- Par exemple, la ville de Dakar (Sénégal) a atteint la frange des 40% plus pauvres de la population urbaine soit en reliant des propriétés individuelles dans des locaux, soit par le biais de bornes-fontaines publiques à proximité d'habitations (graphique 1.2).
- La Ville du Cap a fourni des services d'eau et d'assainissement de base gratuits aux habitants des quartiers informels avec un robinet d'eau pour 25 familles dans un rayon de 200 mètres et au moins une toilette pour cinq familles. Dans son ensemble, la ville fournit et entretient plus de 10 000 bornes-fontaines communes (robinets) et plus de 50 000 toilettes régulièrement nettoyées (encadré 1.1).

Graphique 1.2. Couverture en eau courante à Dakar, Sénégal

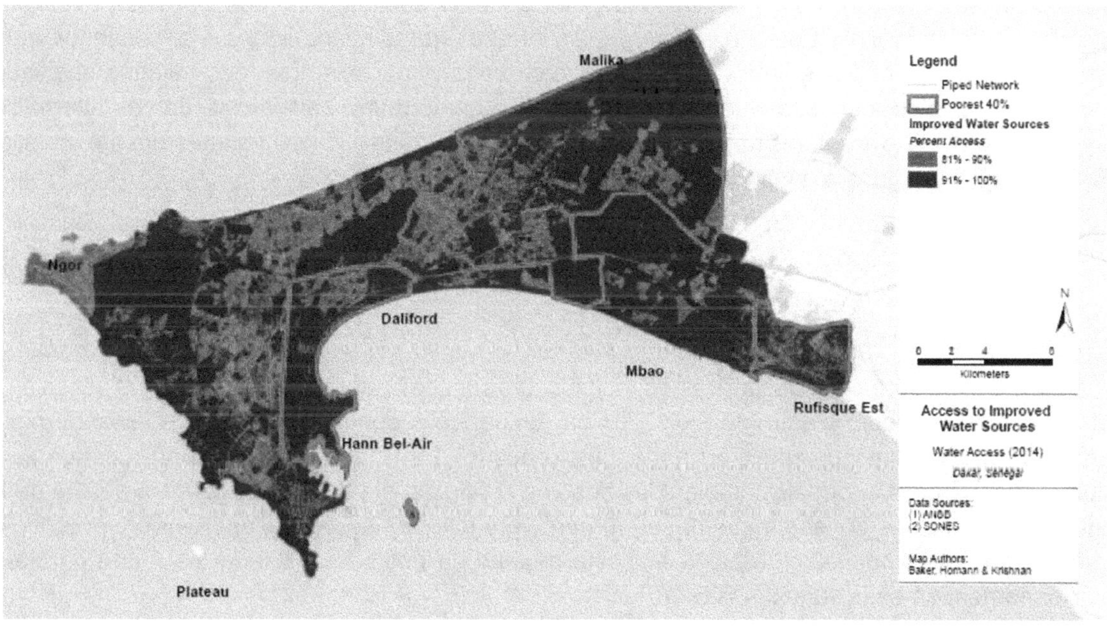

Note : Légende : Piped network = réseau tuyauté ; Poorest 40% = 40% les plus pauvres ; Improved water sources = Sources d'eau améliorées ; Percent access = Pourcentage d'accès ; Access to improved water sources = Accès à des sources d'eau améliorées.
Source : Lall, S.V., J.V. Henderson and A.J. Venables (2017[29]), *Africa's Cities: Opening Doors to the World*, World Bank, Washington, DC.

Encadré 1.1. Mesures d'appui à l'eau et à l'assainissement dans les zones d'habitats informels du Cap, Afrique du Sud

Selon le recensement de population en Afrique du Sud de 2011, 20,5% des ménages du Cap vivent dans des logements informels, avec 7% dans des structures d'arrière-cour informelles et 13,5% dans des zones d'habitats informels. Cette proportion devrait augmenter régulièrement dans la mesure où de plus en plus de personnes déménagent en ville à la recherche d'un emploi. Les zones d'habitats informels urbains ou périurbains se situent à proximité des centres urbains ou du nœud économique, et se caractérisent par un manque d'agencement et d'approbation d'urbanisme formel, un manque d'occupation formelle et des logements informels sans plans de construction et approbations préalables (Housing Development Agency, South Africa, 2014[30]).

Il existe actuellement 204 zones d'habitats informels reconnus au Cap, comprenant 437 « poches » individuelles. Ces poches peuvent être de grands blocs composés de centaines de maisons, de petits groupes de seulement quelques maisons dispersées sur des terres entre des maisons formelles, ou des maisons individuelles sur des parcelles entourées de jardins potagers. Le nombre de ménages habitant dans une poche varie fortement, allant de 3 dans la poche du quartier de Chris Hani Park à près de 8 000 dans la poche d'Enkanini. De nombreux zones d'habitats informels du Cap ont été établis avant 2000 et ne sont pas reconnus comme permanents, et leurs résidents n'ont ni droit d'occupation ni sécurité d'occupation. Seules 17 poches (4%) ont moins de 5 ans ; environ 286 poches (65%) ont été créées avant l'an 2000 ; et 103 (24%) ont été établies avant la démocratie.

Conformément à la politique gouvernementale nationale, la Ville du Cap fournit des services d'eau et d'assainissement de base gratuits aux résidents des quartiers informels avec un robinet d'eau pour 25 familles dans un rayon de 200 m et au minimum une toilette pour cinq familles. Dans son ensemble, la ville fournit et entretient plus de 10 000 bornes-fontaines (robinets) et plus de 50 000 toilettes régulièrement nettoyées. La plupart des zones d'habitats informels disposent de toilettes à chasse d'eau, qui sont généralement préférées par la ville et les communautés. Cependant, il n'est pas toujours possible de placer des toilettes à chasse d'eau dans des zones vulnérables aux inondations, sur des sols instables (ex : anciens sites d'élimination des déchets solides), sur des terrains privés ou si densément peuplés qu'il n'y a pas de place pour les infrastructures hydrauliques. Par conséquent, des toilettes alternatives ont également été installées comprenant, par exemple, des toilettes chimiques, des toilettes portables à chasse d'eau ou des toilettes à conteneurs. La majorité de ces alternatives sans rinçage sont nettoyées trois fois par semaine. De 2006 à 2014, 30 000 toilettes ont été installées dans des quartiers informels dans toute la Ville du Cap.

Source : City of Cape Town (2020[31]), *City of Cape Town Website*; ISMAPS (s.d.[32]), *Struggle for dignity in Cape Town's Informal Settlements: The Facts*, http://ismaps.org.za; OECD (2021[33]), *Water Governance in Cape Town*, OECD Publishing, Paris.

Dans une grande majorité des villes africaines, en plus des services publics formels donnant accès à l'eau, il existe plusieurs vendeurs d'eau informels[1]. Ils ont tendance à combler les lacunes laissées par une couverture d'eau courante incomplète ou inadéquate (encadré 1.2). Dans les endroits où la couverture est incomplète, les marchés informels comblent les besoins résiduels, et là où la fiabilité et la qualité de l'eau courante sont faibles, les consommateurs se tournent vers d'autres sources d'approvisionnement. Ainsi, près de la moitié de la population urbaine africaine dépend de petits fournisseurs pour une part de son approvisionnement en eau (Kariuki, 2005[34]).

Encadré 1.2. Les marchés informels évincent-ils les systèmes formels d'eau ?

Les analyses économiques conventionnelles suggèrent que les marchés informels apparaissent et évoluent en réponse aux échecs politiques et aux performances inégales des services publics formels. Dans de tels cas, les marchés formels et informels sont plus susceptibles d'être complémentaires que concurrents. Cependant, la concurrence (substituabilité) pourrait émerger dans des situations où les secteurs formel et informel sont en concurrence pour les intrants (accès à l'eau), ou les clients, ou lorsque le secteur formel se lie à l'informel pour restreindre l'accès et l'expansion des réseaux d'infrastructure, ce qui peut stimuler la demande pour le secteur informel. Il s'agit de situations dans lesquelles la présence du secteur informel peut entraver la croissance du secteur formel, en réduisant la demande ou en érodant les bénéfices du secteur formel. Les marchés de l'eau embouteillée, par exemple, peuvent également conduire à une baisse des attentes de la qualité de l'eau de la part des régies de distribution d'eau.

Là où les marchés formels et informels se chevauchent (comme c'est le cas pour l'eau potable presque partout), deux résultats peuvent émerger. Les consommateurs peuvent bénéficier d'un plus grand choix et d'une concurrence latente entre les secteurs, se traduisant potentiellement par des prix plus bas et un meilleur service. Le plus souvent, ces marchés sont segmentés, les fournisseurs privés se concentrant sur un créneau à plus forte valeur ajoutée comme l'eau potable « purifiée ».

Les preuves existantes de l'effet des marchés informels sur les systèmes formels sont fragmentaires, mais confirment globalement les attentes des économistes : les vendeurs informels comblent une lacune dans les systèmes formels d'eau en raison de la couverture, de la fiabilité, de la qualité ou de l'ensemble des facteurs qui précédent. Dans le cas du chevauchement des systèmes informels et formels de distribution d'eau potable, les preuves sont moins claires. Il existe des exemples de concurrence latente entre le secteur formel et informel avec des cas où le secteur informel des sachets et de l'eau en bouteille s'est développé même là où il existe des raccordements par canalisation. Cette concurrence devrait conduire à une meilleure qualité de service pour l'eau potable, mais l'effet sur le prix est moins clair en raison des différences entre les approvisionnements en eau conditionnée et en eau courante, et l'impact des subventions sur les structures tarifaires des systèmes formels d'eau.

L'expérience mondiale suggère que la relation entre les marchés informels et les systèmes formels d'eau peut également être complexe. Les marchés informels sont liés aux systèmes formels de plusieurs manières qui peuvent à la fois saper et renforcer les systèmes formels selon les circonstances. Premièrement, les vendeurs informels dépendent souvent des forages publics pour une partie de leur approvisionnement en eau. Cela a conduit à des négociations, des concessions ou des mémorandums d'accord pour garantir des tarifs de gros pour les vendeurs informels.

Les interactions entre les systèmes informels et formels peuvent exacerber la corruption, notamment l'extraction de rente, les impôts non officiels par les agents publics locaux et les conflits d'intérêts lorsque les agents du gouvernement exploitent des entreprises parallèles en tant que vendeurs informels. Les vendeurs signalent régulièrement les conflits avec les services d'eau et se plaignent que les systèmes formels sont mal équipés pour traiter avec des prestataires de services de taille modeste, ces derniers étant parfois considérés comme des concurrents. À l'inverse, les systèmes formels d'eau accusent les vendeurs d'hostilité, de violence et de vandalisme pour empêcher l'expansion du réseau d'eau dans les régions desservies par des vendeurs informels. Un tel comportement pose la question de savoir si le secteur informel peut offrir un approvisionnement en eau de transition dans les régions à croissance rapide, car l'expansion des réseaux formels d'approvisionnement en eau menace les entreprises et les emplois liés à la distribution informelle. De telles considérations sont loin d'être anodines, comme cela a été le cas au Ghana, où le marché des sachets soutient un ensemble florissant de petits vendeurs d'eau industriels. Les associations de vendeurs ont établi créée un système de collaboration entre les entités en encourageant la coopération entre les vendeurs (Wutich, Beresford et Carvajal, 2016[35]), en facilitant le dialogue avec les services publics et en limitant les comportements de recherche de rente (Solo, 2003[36]). D'un autre côté, certains consommateurs ne sont pas disposés à payer pour les raccordements par tuyaux en raison d'une confiance limitée dans les systèmes publics d'eau. Dans de telles situations, la prolifération de vendeurs informels peut évincer les investissements gouvernementaux dans les systèmes formels d'eau en raison de la faible probabilité de recouvrement des coûts, créant un cercle vicieux.

Source : Garrick, D. et al. (2019[37]), *Informal Water Markets in an Urbanising World: Some Unanswered Questions*, World Bank, Washington, DC ; Hawkins (2017[38]), « The impacts of bottled water: an analysis of bottled water markets and their interactions with tap water provision », *WIREs Water* ; Solo (2003[36]), *Independent Water Entrepreneurs in Latin America: The Other Private Sector in Water Services* ; Wutich, A., M. Beresford et C. Carvajal (2016[35]), « Can informal water vendors deliver on the promise of a human right to water? Results From Cochabamba, Bolivia », *World Development*, Vol. 79, pp. 14-24.

À Ouagadougou (Burkina Faso), l'Office national de l'eau et de l'assainissement (ONEA) n'a pas de mandat officiel pour approvisionner les zones d'habitats informels car les habitants n'ont généralement pas de titres légaux pour occuper les terres. Pour surmonter ce problème, le service public fournit de l'eau jusqu'à un point de comptage à la limite de la zone d'habitation informelle, puis délègue la fourniture de services au sein de l'établissement à des prestataires de plus petite taille. Ces opérateurs connectent des locaux individuels ou installent des bornes-fontaines. L'ONEA fournit des équipements de raccordement et rembourse les frais d'installation aux opérateurs informels pour encourager l'extension des raccordements. Bien que les opérateurs informels soient autorisés à vendre de l'eau à un tarif plus élevé que l'ONEA, le prix qu'ils facturent est contrôlé par l'ONEA afin de réduire le risque de monopole local et des niveaux tarifaires excessifs. La politique tarifaire relative à la fourniture de bornes-fontaines, fontaines, seaux ou tonneaux est publiée sur le site web de l'ONEA. En 2015, 7 578 branchements avaient été installés dans cinq quartiers informels de Ouagadougou (graphique 1.3).

Graphique 1.3. Fourniture de services d'eau dans les zones d'habitats informels à Ouagadougou, au Burkina Faso

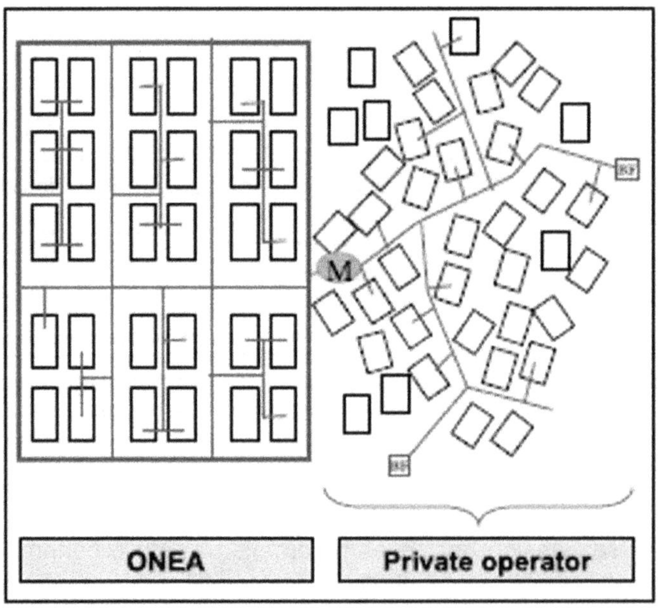

Note : Private operator = opérateur privé.
Source : Sawadogo, D. (2015[39]), « Delivering city-wide WASH services: reaching informal settlements in Ouagadougou, Burkina Faso ».

À Maputo, 94% des ménages ont accès à l'eau courante. Le service public *Águas da Região* de Maputo affiche un taux de couverture en eau de 44% de la population, tandis qu'environ 500 petits fournisseurs gèrent plus de 800 réseaux de canalisations et fournissent de l'eau à 50% de la population principalement par des robinets de jardin (encadré 1.3).

Encadré 1.3. Le rôle des petits fournisseurs dans le Grand Maputo, au Mozambique

La zone métropolitaine de Maputo compte entre 1,7 million et 2 millions d'habitants. La grande majorité des ménages tirent leur eau d'un robinet de jardin ou d'un raccordement domestique. Les quelque 500 opérateurs d'eau de Maputo fournissent des services d'eau courante à environ 191 000 foyers. C'est plus que les 185 000 ménages approvisionnés par *Águas da Região de Maputo* (le principal service public). Les petits fournisseurs varient en taille, avec au moins un fournisseur desservant 12 000 branchements.

Les tarifs pratiqués par les petits fournisseurs sont plus élevés que ceux facturés par la régie principale, soit en moyenne 35 MZN par m^3, par rapport au tarif de la régie principale de 14 MZN pour la première tranche tarifaire sociale, 19 MZN pour la suivante, et 25 MZN par la suite. Les fournisseurs d'eau se sont développés en raison du caractère incomplet du service et de la faible fiabilité du fournisseur public. Les ménages privés ont réalisé des forages par eux-mêmes ; certains ont ensuite aidé leurs voisins et ont traduit cela en une entreprise plus grande au service d'un plus grand nombre de personnes. Les petits opérateurs fournissent désormais des réseaux concurrents même dans les zones où un réseau public existe déjà. Dans certaines régions, une enquête de l'USAID a révélé que les petits prestataires étaient plus fiables et fournissaient un service pendant des heures plus longues que le prestataire public. Plus récemment, le fournisseur public a rencontré des difficultés avec l'adéquation de son approvisionnement en eau et a réduit ses heures d'approvisionnement en raison de problèmes de maintenance.

L'enquête de l'USAID a également révélé que les petits fournisseurs offrent des conditions de paiement plus flexibles. Pour ces raisons, de nombreux clients préfèrent utiliser un fournisseur privé plutôt qu'un fournisseur public, même lorsque le choix existe et malgré le tarif plus élevé pratiqué par les opérateurs privés. Les petits prestataires sont autofinancés à 100% et sont pratiques à Maputo en raison des eaux souterraines facilement disponibles trouvées dans des aquifères étendus et peu profonds. Il s'agit d'une source d'eau sûre dans de nombreuses villes, mais pas toutes. Les risques potentiels comprennent l'intrusion saline car la nappe phréatique est abaissée par sur extraction et la contamination de la source par des nitrates et des agents pathogènes des déchets humains en raison d'une infrastructure d'assainissement et d'eaux usées inadéquate ou mal entretenue.

Le gouvernement a pris l'initiative de reconnaître et de réglementer les petits exploitants. Dans les zones où la qualité des eaux souterraines est un problème, des réglementations spéciales s'appliquent et le fournisseur public devra vendre l'eau courante du réseau public en vrac aux petits fournisseurs d'eau dans ces zones. Tous les petits fournisseurs devront être agréés en vertu d'un décret pris par le Conseil des ministres en octobre 2015, qui n'a pas encore été publié, et les licences traiteront des questions de mandat (domaine de service), de qualité de l'eau et de prix. Il est prévu que ce système, en cours de mise en place, réduise les conflits entre le public et les petits prestataires. Les licences seront délivrées par les municipalités locales ou le gouvernement du district et le système sera supervisé par le régulateur national de l'eau, CRA.

Source : USAID (2015[40]), *Sustainable Water and Sanitation for Africa: Final Report.*

À Accra (Ghana), environ 80% des habitants ont accès à l'eau potable : la moitié via l'eau courante dans les locaux, et l'autre via des vendeurs privés. Cette dernière part a plus que triplé, passant de 13,8% en 2010 à 43,1% en 2014 (Stoler, 2018), en raison d'une urbanisation rapide combinée à un sous-investissement dans les infrastructures. Le coût de l'eau des vendeurs informels est généralement cinq à sept fois plus élevé que l'eau courante (Vinay, 2017[25]). Les vendeurs privés informels distribuent l'eau par plusieurs biais : des sachets en plastique d'un demi-litre vendus dans les magasins et dans les rues ; des services de camions-citernes et de camions simples ; et des récipients de 15 à 20 litres.

Pollution de l'eau

L'eau contaminée est un problème majeur en Afrique puisque chaque heure, environ 115 personnes meurent de maladies liées à une mauvaise hygiène, un mauvais assainissement ou une eau contaminée (UN, 2014[41]). Les problèmes d'assainissement sont parmi les principales causes de transmission de maladies en Afrique, en particulier pour le choléra, la diarrhée, la dysenterie et la typhoïde. L'urbanisation rapide contribue à la détérioration de la qualité de l'eau, car les villes peinent à fournir des infrastructures adéquates de traitement des eaux usées à une population en forte croissance. Dans les zones urbaines d'Afrique subsaharienne, seulement 20% de la population a accès à un assainissement géré en toute sécurité et 25% à un assainissement de base (WHO/UNICEF, 2019[27]). Selon l'Organisation Mondiale de la Santé (OMS), plus de 842 000 décès sont causés chaque année par un manque d'eau potable et par un assainissement insuffisant.

Les données de suivi pour l'ODD 6.3.1 (proportion d'eaux usées traitées en toute sécurité provenant des ménages) collectées en 2015 sont rares, mais elles montrent que la part des eaux usées des ménages traitées est très faible dans les pays d'Afrique subsaharienne (Niger, Sénégal, Somalie et Ouganda) par rapport aux niveaux élevés dans les pays d'Afrique du Nord (UN-Water, s.d.[42]) (tableau 1.5). En outre, la gestion limitée des déchets solides dans la plupart des villes africaines aggrave encore la situation par le ruissellement des eaux sales.

La qualité ambiante des plans d'eau est mal surveillée et seuls quelques pays africains produisent un rapport régulier sur l'ODD 6.3.2 (proportion de plans d'eau avec une bonne qualité de l'eau ambiante). Cette situation souligne que les données relatives à la qualité de l'eau sont soit manquantes, soit difficilement disponibles. Ce résultat met en évidence le besoin crucial de mieux surveiller la qualité de l'eau pour traiter efficacement les problèmes liés à la pollution.

L'agriculture a également des effets négatifs sur la qualité de l'eau. Le rejet d'importantes quantités de matières organiques, de produits agrochimiques et de sédiments, ainsi que l'utilisation de pesticides, d'engrais et d'excréments provoquent l'infiltration de nitrates et de phosphates dans les eaux entrainant une eutrophisation. La pollution par les sédiments et les nutriments est étroitement liée aux changements et aux pratiques d'utilisation des sols. En Afrique de l'Ouest, la déforestation a réduit les précipitations tropicales et affecté la faune, les régimes climatiques et les écosystèmes. Elle a provoqué l'érosion des sols, générant davantage de sédiments dans les plans d'eau voisins. Les conséquences potentielles d'un développement incontrôlé des terres devraient s'accentuer à l'avenir, l'Afrique devant connaître la plus forte expansion des terres cultivées au monde d'ici 2050.

Les problèmes de pollution émergents sont susceptibles d'augmenter considérablement les besoins et les coûts de la gestion des eaux usées, en particulier en milieu urbain. Il s'agit notamment de l'amélioration des systèmes d'assainissement individuels et autres, des égouts unitaires et des risques de débordements, des contaminants émergents (comme les microplastiques) ou de la gestion des boues.

Tableau 1.5. Suivi des ODD 6.3.1 (2015) et 6.3.2 (2017) pour les pays africains

Pays	ODD 6.3.1 Proportion d'eaux usées traitées en toute sécurité (%), provenant des ménages, 2015	ODD 6.3.2 Proportion de masses d'eau présentant une bonne qualité de l'eau ambiante (%), 2017
Tunisie	70,57	
Égypte	57,61	
Maroc	42,96	79,15
Algérie	17,75	
Libye	15,25	
Sénégal	14,55	
Ouganda	3,76	
Niger	3,48	
Somalie	0,7	
Madagascar		90,91
Soudan		86,05
Zimbabwe		76,46
Nigeria		52,46
Botswana		50,00
Afrique du Sud		46,92
Kenya		35,50
Rwanda		30,00
Lesotho		16,67
Tanzanie		0,00

Source : UN-Water (s.d.[42]), *Indicator 6.3.1 – Wastewater Treatment*, https://www.sdg6data.org/indicator/6.3.1 ; UN-Water (s.d.[43]), *Indicator 6.3.2 – Water Quality*, https://www.sdg6data.org/indicator/6.3.2.

Pénurie d'eau et sécheresses

L'Afrique est le deuxième continent le plus sec au monde après l'Australie. Environ les deux tiers de son territoire sont arides ou semi-arides et plus d'un tiers de la population d'Afrique subsaharienne vit dans un environnement pauvre en eau, avec moins de 1 000 m3 par habitant et par an (UN, 2014[41]). L'on estime que d'ici 2030, 75 à 250 millions de personnes en Afrique vivront dans des zones de stress hydrique élevé, entraînant potentiellement le déplacement de 24 à 700 millions de personnes à cause des conditions de vie de plus en plus difficiles (Climat, environnement, société, 2012[44]).

L'évapotranspiration associée à la hausse des températures est susceptible d'augmenter la fréquence des sécheresses, car elle peut annuler l'effet des augmentations prévues des précipitations dans certaines régions du continent. A titre d'exemple, en Afrique orientale et australe, les sécheresses devraient s'intensifier en raison de l'évapotranspiration et des changements de précipitations (Niang et al., 2014[45]), et continueront de contribuer à la pénurie d'eau. Ce constat est en outre confirmé par le fait que de nombreux pays africains sont considérés comme subissant déjà un stress hydrique de base élevé ou extrêmement élevé (World Resources Institute, 2019[46]). Parmi eux, l'on trouve, par exemple, le Botswana, Djibouti ou la Namibie (tableau 1.6). Les conséquences des sécheresses sont multiples. En 2019, des pluies insuffisantes en Afrique de l'Est, en Afrique australe et dans la corne de l'Afrique ont augmenté les prix des denrées alimentaires et ont fait grimper les besoins d'aide de plus de 45 millions de personnes dans 14 pays. Cette même année, rien qu'en Afrique australe, selon la Fédération Internationale de la Croix-Rouge et du Croissant-Rouge (FICR), au moins 11 millions de personnes ont été confrontées à des pénuries alimentaires en raison de la sécheresse. Des pluies réduites et tardives, combinées à des augmentations à long terme des températures, ont mis en péril la sécurité alimentaire et les approvisionnements énergétiques dans la région, le plus gravement en Zambie et au Zimbabwe. La production céréalière a diminué de 30% à travers la région, et de 53% au Zimbabwe. Les éleveurs d'Afrique australe ont également subi des pertes en raison de la famine et de l'abattage précoce des troupeaux forcé par des pénuries d'eau et d'aliments. Au Kenya, la pénurie d'eau induit une migration des zones rurales vers les zones urbaines, augmentant ainsi la pression sur les approvisionnements en eau urbains déjà insuffisants (Kinuthia-Njenga, 2009[47]). À Mombasa (Kenya), une sécheresse a provoqué une augmentation des prix des denrées alimentaires, affectant de manière disproportionnée les citadins pauvres (Awuor, Orindi et Adwera, 2008[48]). À Lusaka (Zambie), après une année de sécheresse, la production agricole urbaine a été considérablement réduite, sapant ainsi la sécurité alimentaire et le revenu des ménages (Simatele, Binns et Simatele, 2012[49]). Ces exemples mettent en évidence les diverses implications économiques, sociales et sanitaires des sécheresses. Ils soulignent également la vulnérabilité des villes africaines à ces risques liés à l'eau.

Tableau 1.6. Niveau de stress hydrique par pays africain, 2019

Pays africains	Niveau de stress hydrique
Libye	Extrêmement élevé (>80%)
Erythrée	Extrêmement élevé (>80%)
Botswana	Extrêmement élevé (>80%)
Maroc	Élevé (40%-80%)
Algérie	Élevé (40%-80%)
Tunisie	Élevé (40%-80%)
Burkina Faso	Élevé (40%-80%)
Djibouti	Élevé (40%-80%)
Namibie	Élevé (40%-80%)
Niger	Élevé (40%-80%)
Egypte	Élevé (40%-80%)
Soudan	Moyen-Élevé (20%-40%)
Afrique du Sud	Moyen-Élevé (20%-40%)
Mauritanie	Moyen-Élevé (20%-40%)
Lesotho	Moyen-Élevé (20%-40%)
Zimbabwe	Faible-Moyen (10%-20%)
Angola	Faible-Moyen (10%-20%)
Tanzanie	Faible-Moyen (10%-20%)
Soudan du Sud	Faible-Moyen (10%-20%)
Tchad	Faible-Moyen (10%-20%)
Sénégal	Faible-Moyen (10%-20%)
Nigéria	Faible-Moyen (10%-20%)
Ethiopie	Faible-Moyen (10%-20%)
Swaziland	Faible-Moyen (10%-20%)
Somalie	Faible-Moyen (10%-20%)
Rwanda	Faible (<10%)
Guinée-Bissau	Faible (<10%)
Mozambique	Faible (<10%)
Kenya	Faible (<10%)
Zambie	Faible (<10%)
Ghana	Faible (<10%)
Madagascar	Faible (<10%)
Malawi	Faible (<10%)
Mali	Faible (<10%)
Burundi	Faible (<10%)
Uganda	Faible (<10%)

Pays africains	Niveau de stress hydrique
Guinée	Faible (<10%)
Bénin	Faible (<10%)
République démocratique du Congo	Faible (<10%)
Côte d'Ivoire	Faible (<10%)
Cameroun	Faible (<10%)
Gambie	Faible (<10%)
République centrafricaine	Faible (<10%)
Sierra Leone	Faible (<10%)
Togo	Faible (<10%)
République du Congo	Faible (<10%)
Gabon	Faible (<10%)
Guinée équatoriale	Faible (<10%)
Liberia	Faible (<10%)
Comores	Absence de données
Cabo Verde	Absence de données
Île Maurice	Absence de données
Sao Tomé et Principe	Absence de données
Seychelles	Absence de données

Note : le stress hydrique est défini comme le ratio des prélèvements/approvisionnement.
Source : World Resources Institute (2019[46]), *Upward and Outward Growth. Managing Urban Expansion for More Equitable Cities in the Global South.*

En 2015, la Ville du Cap a commencé à subir une sécheresse et les réservoirs d'eau ont atteint des niveaux extrêmement bas en 2017 et en 2018. La sécheresse intense attribuable aux effets du changement climatique a été exacerbée par des facteurs anthropiques tels que l'augmentation de la population urbaine et la concurrence régionale entre les utilisateurs locaux de l'eau, exerçant une grande pression sur des ressources limitées. Il a été formulé à titre de postulat que le 16 avril 2018 serait le jour où la Ville du Cap serait contrainte de « fermer ses robinets » du fait du manque d'eau disponible. Appelé familièrement le « Jour Zéro », il a été défini comme le moment auquel les niveaux des barrages tomberaient à 13,5%, exigeant que tous les robinets de la Ville du Cap soient fermés et que les citoyens aillent chercher 25 litres par jour par personne aux points distribution publics. Bien que le Jour Zéro n'ait pas eu lieu, la crise de l'eau au Cap a mise en lumière une grave vulnérabilité aux problèmes de pénurie d'eau pour la Ville du Cap, les agglomérations urbaines environnantes et le pays dans son ensemble. Les problèmes de pénurie d'eau exercent une pression accrue sur la relation d'interdépendance entre les zones rurales et urbaines. La sécheresse de 2015-2018 a eu un impact significatif sur l'agriculture, les moyens de subsistance et les communautés, avec une perte économique estimée à 5,9 milliards ZAR (0,4 milliard USD) pour l'agriculture rien qu'au Cap occidental, 30 000 pertes d'emplois et une baisse de 13 à 20% des exportations (World Wildlife Fund, 2018[50]). Le tourisme représente 10% de la production économique de l'Afrique du Sud et fournit 1,5 million d'emplois, soit environ 10% de l'emploi total dans le pays (Parks, 2019[51]).

Principales mégatendances affectant les villes africaines

Partout dans le monde, un certain nombre de tendances économiques, sociales et environnementales génèrent des bouleversements ayant des implications actuelles et futures, et remettent en cause les politiques publiques à tous les niveaux. Les plus importantes d'entre elles sont considérées comme des mégatendances, car elles sont à grande échelle et à long terme - généralement pertinentes pendant au moins deux décennies. Par conséquent, les mégatendances font généralement référence à des circonstances qui se dérouleront à travers le monde dans un certain nombre de pays et qui peuvent souvent conduire l'économie et la société mondiales dans des directions spécifiques. Les mégatendances sont susceptibles d'entraîner des changements significatifs à long terme ayant un impact sur les problèmes sociaux, économiques, politiques, environnementaux et technologiques. Malgré leur potentiel d'impact élevé, ils se déroulent souvent lentement et suivent des trajectoires relativement stables.

Dans les villes et les pays africains, certaines de ces mégatendances affectent considérablement la sécurité hydrique. C'est le cas du changement climatique, de l'urbanisation et de la croissance démographique. Le changement climatique exacerbe la pression sur les ressources en eau, les deux tiers des villes africaines étant estimées à « risque extrême » en ce qui concerne les impacts du changement climatique. Par exemple, en Afrique subsaharienne, l'effet cumulatif des dernières décennies indique que les inondations et les sécheresses sont à elles seules responsables d'environ 80% des décès liés aux catastrophes et de 70% des pertes économiques (Ndaruzaniye et al., 2010[6]). Avec 41% des habitants vivant actuellement dans les villes d'Afrique subsaharienne et une projection de 60% d'ici 2050 (UN, 2015[4]), l'urbanisation va exacerber les défis existants liés à l'accès à l'eau potable de qualité et à des services d'assainissement. Enfin, l'accroissement démographique fait grimper la demande en eau (graphique 1.4) : la population urbaine africaine devant presque doubler, passant de plus de 560 millions en 2015 à 1,1 milliard en 2050 (UN, 2014[41]).

Graphique 1.4. Évolution des prélèvements d'eau en Afrique, de 1998 à 2017

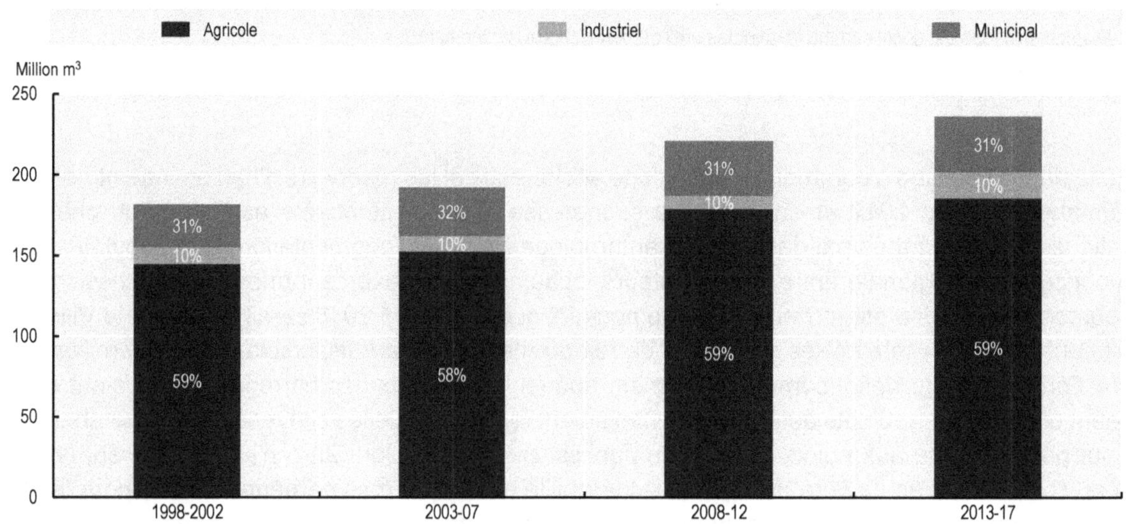

Source : FAO (2021[52]), *AquaStat*, http://www.fao.org/aquastat/en/.

Interrogées sur les mégatendances les plus influentes au niveau local, les villes africaines ayant répondu à l'enquête de l'OCDE sur la gouvernance de l'eau (annexes A et B) déclarent que le climat, l'urbanisation et les changements démographiques sont des mégatendances qui affectent le plus la sécurité hydrique (tableau 1.7). D'autres mégatendances affectent également les ressources et les services en eau, comme la réduction de la pauvreté, la croissance économique et l'insécurité alimentaire, mais dans une moindre mesure.

Tableau 1.7. Principales mégatendances affectant la sécurité hydrique dans les villes africaines

Ville	Changement climatique	Urbanisation	Changements démographiques	Lutte contre la pauvreté et inégalités	Développement économique et croissance	Insécurité alimentaire	Lutte contre les maladies hydriques	Réformes institutionnelles et territoriales	Crises globales
Brazzaville (République du Congo)									
Lusaka (Zambie)									
Cocody (Côte d'Ivoire)									
Cotonou (Bénin)									
Bangui (République centrafricaine)									
Nouakchott (Mauritanie)									
Saint-Louis (Sénégal)									
Cape Town (Afrique du Sud)									
Monrovia (Libéria)									
Kampala (Ouganda)									
Bama (Burkina Faso)									
Rosso (Mauritanie)									
Accra (Ghana)									
Al Hoceima (Maroc)									
Fes (Maroc)									
Golfe 3 (Togo)									
Tetouan (Maroc)									
Bangangté (Cameroun)									
Maputo (Mozambique)									
Kanembakaché (Niger)									
Marrakech (Maroc)									

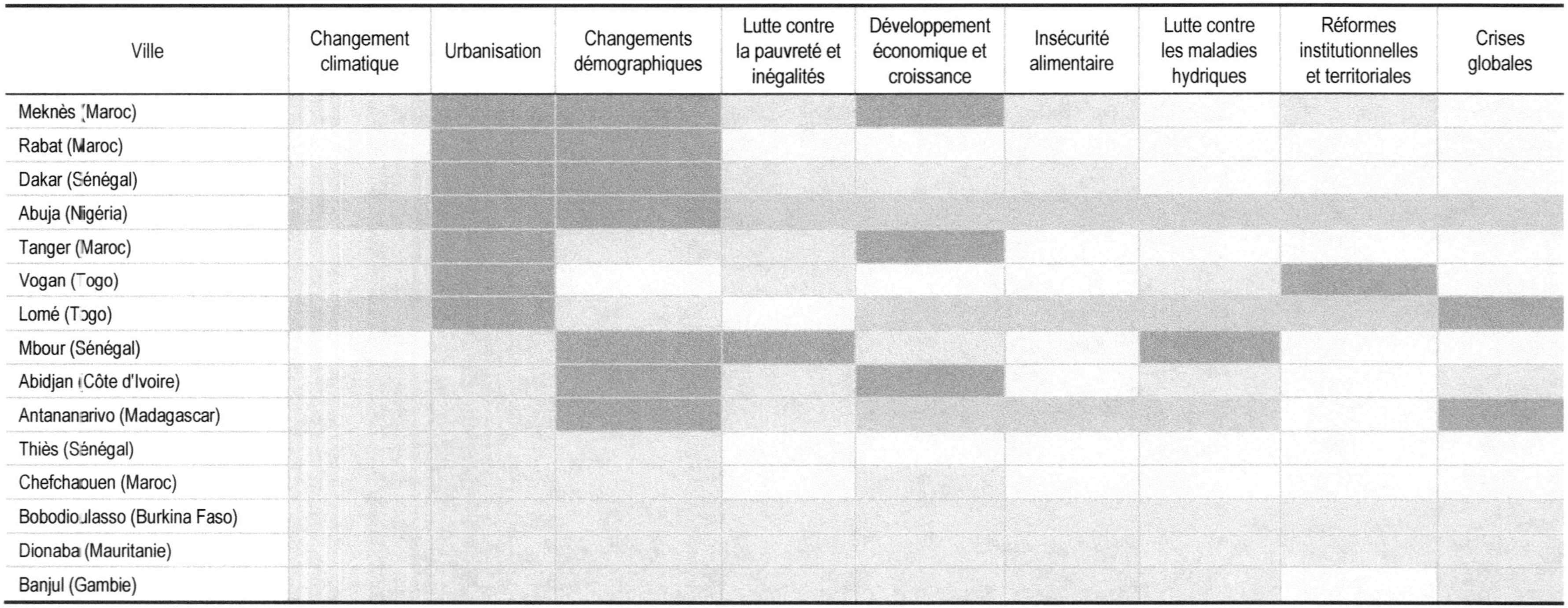

Note : 36 villes ayant répondu à la question « quelles mégatendances mettent l'eau en danger dans votre ville? ».

Très important

Important

Pas important

Pas de réponse

Source : OECD (2021[9]), *OECD Survey on Water Governance in African Cities*, OECD, Paris.

Changement climatique

Selon le Groupe d'experts intergouvernemental sur l'évolution du climat (GIEC), l'Afrique est l'un des continents les plus vulnérables au changement climatique, avec une forte incidence sur la sécurité hydrique. « Les températures proches de la surface ont augmenté de 0,5 ° C ou plus au cours des 50 à 100 dernières années dans la plupart des régions d'Afrique, les températures minimales se réchauffant plus rapidement que les températures maximales » (Niang et al., 2014, p. 1206[45]). Les températures projetées en Afrique augmenteront plus rapidement que la moyenne mondiale tout au long du 21ème siècle, renforçant ainsi la rareté de l'eau et les risques de sécheresse. La pression sur un approvisionnement en eau déjà limité devrait augmenter fortement en raison des changements dans les cycles de l'eau causés par des précipitations irrégulières et avoir un impact négatif sur la production de cultures annuelles telles que les céréales et le coton, ainsi que les cultures pérennes comme le café, le cacao et l'huile de palme. Cela entraînera des chocs de production qui aggraveront l'insécurité alimentaire. Le bétail peut également être affecté par la diminution de l'approvisionnement en eau, car les pâturages sont divisés et endommagés. Les chercheurs estiment que le changement climatique et les aléas climatiques (graphique 1.5) réduiront la croissance des rendements mondiaux de 5 à 30% d'ici 2050 (Porter et al., 2013[53]).

Graphique 1.5. Aléas climatiques en Afrique, 2016

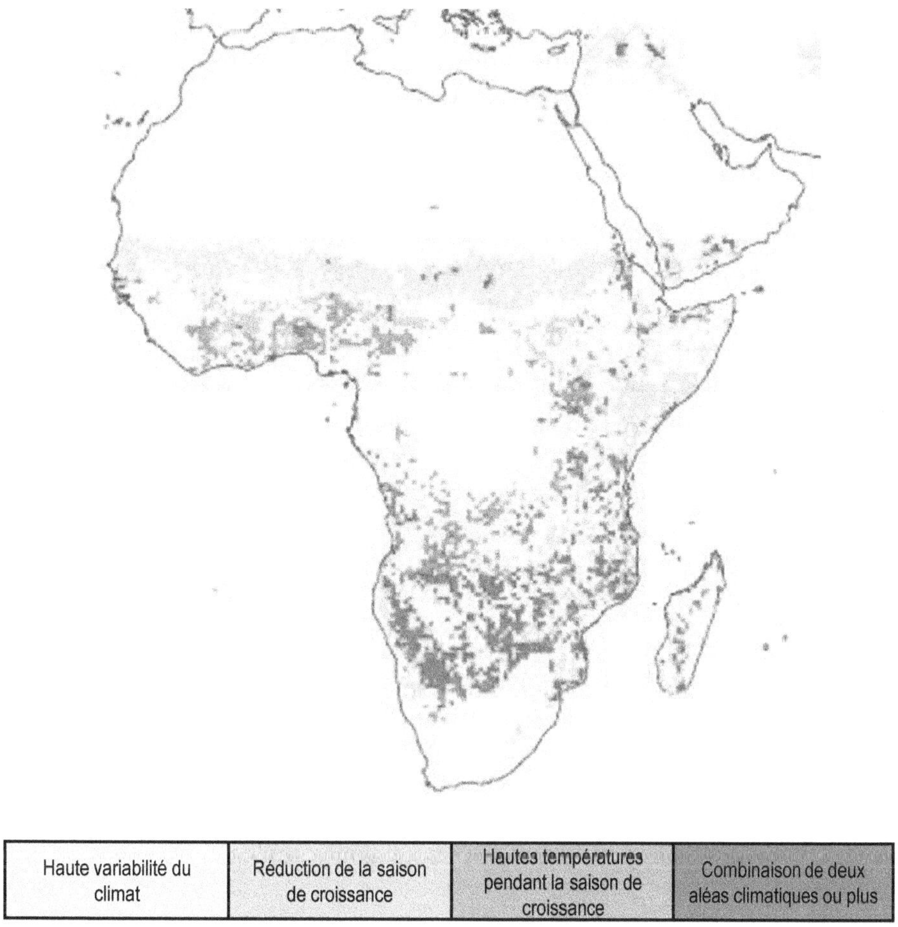

Source : Global Commission on Adaptation (2019[54]), *Adapt Now: A Global Call for Leadership on Climate Resilience*.

L'indice de vulnérabilité au changement climatique (CCVI)[1] qui évalue la capacité des villes à résister aux chocs climatiques montre que les deux tiers des villes africaines figurent dans la catégorie de risque « extrême », en raison de la croissance démographique et de l'insuffisance des infrastructures urbaines. La vulnérabilité est également motivée par divers facteurs, notamment une faible capacité d'adaptation, une forte dépendance aux biens de l'écosystème pour les moyens de subsistance et des systèmes de production agricole moins développés. Par exemple, la ville de Kinshasa (République démocratique du Congo), qui compte 13 millions d'habitants, est exposée à des chocs météorologiques, notamment des inondations, ainsi qu'à des sécheresses dans les zones environnantes, qui pourraient entraîner des agriculteurs pauvres vers la ville tout en perturbant l'approvisionnement en eau et en nourriture. Kinshasa et d'autres villes africaines restent fortement exposés avec des facteurs cumulatifs, combinant taux de pauvreté élevés, bidonvilles en expansion, faible gouvernance et capacité limitée d'adaptation au changement climatique. La population urbaine croissante de Kinshasa, qui devrait doubler d'ici 2035, intensifiera très probablement le profil de risque déjà alarmant de la ville en termes d'accès à l'eau potable ou au logement. Parmi les autres villes les plus exposées au changement climatique, il existe Kampala (Ouganda), où la population annuelle devrait augmenter de 5,1% par an en moyenne entre 2018 et 2035 ; Dar-es-Salaam en Tanzanie (4,8%), Abuja (4,5%) et Lagos (3,5%) au Nigéria ; Addis-Abeba (4,3%) en Éthiopie ; et Luanda (3,7%) en Angola.

Urbanisation

Les données d'Africapolis mettent en évidence le rythme effarant du processus d'urbanisation en cours en Afrique. 50% de la population africaine vit dans l'une des 7 617 agglomérations urbaines du continent. Dans neuf pays, le niveau d'urbanisation est supérieur à 66%, et 30 autres pays ont un niveau intermédiaire d'urbanisation entre 33% et 65%. En 1950, seuls quatre pays avaient un niveau d'urbanisation supérieur à 33%, tandis que 35 pays étaient inférieurs à 10%. L'Afrique du Nord est la région la plus urbanisée du continent (78%), et l'Égypte et la Libye sont les deux pays les plus urbanisés (respectivement 93% et 81%) (graphique 1.6). Les deux autres pays avec un niveau d'urbanisation supérieur à 80% sont le Gabon (81%) et Sao Tomé-et-Principe (80%). Les pays ayant les niveaux les plus bas sont le Niger (17%), le Burundi (21%), l'Érythrée (24%), le Lesotho (26%) et le Sud Soudan (27%).

Dans l'ensemble, les pays ayant les niveaux de revenu les plus élevés sur le continent africain ont tendance à avoir des niveaux d'urbanisation plus élevés. Les deux seuls pays à faible revenu (revenu national brut par habitant) avec un niveau d'urbanisation supérieur à 50% sont le Rwanda, avec la densité de population la plus élevée du continent, et la Gambie, un pays avec l'une des plus petites superficies du continent. De même, les pays les plus urbanisés - Djibouti, l'Égypte, le Gabon et la Libye - sont tous des pays à revenu intermédiaire et des pays dont la superficie est presque entièrement désertique ou avec de grandes zones forestières, comme le Gabon. Dans ces pays, la part de la population agricole - principale activité de la population rurale - est plutôt faible.

La dynamique de l'urbanisation est influencée par une variété de facteurs structurels et socio-économiques, tels que la géographie et le climat, la croissance démographique, la taille et la densité, les niveaux de revenu et la structure économique, les politiques et les institutions et les facteurs cycliques tels que les catastrophes environnementales, les conflits et les cycles économiques. Ces facteurs ne sont pas d'égale importance et varient dans le temps en fonction des contextes nationaux et des interrelations. Depuis les années 1990, le principal moteur de l'urbanisation est la forte croissance démographique qui contribue directement à l'accroissement naturel des populations urbaines.

Graphique 1.6. Évolution du niveau d'urbanisation en Afrique de 1990 à 2015, en pourcentage

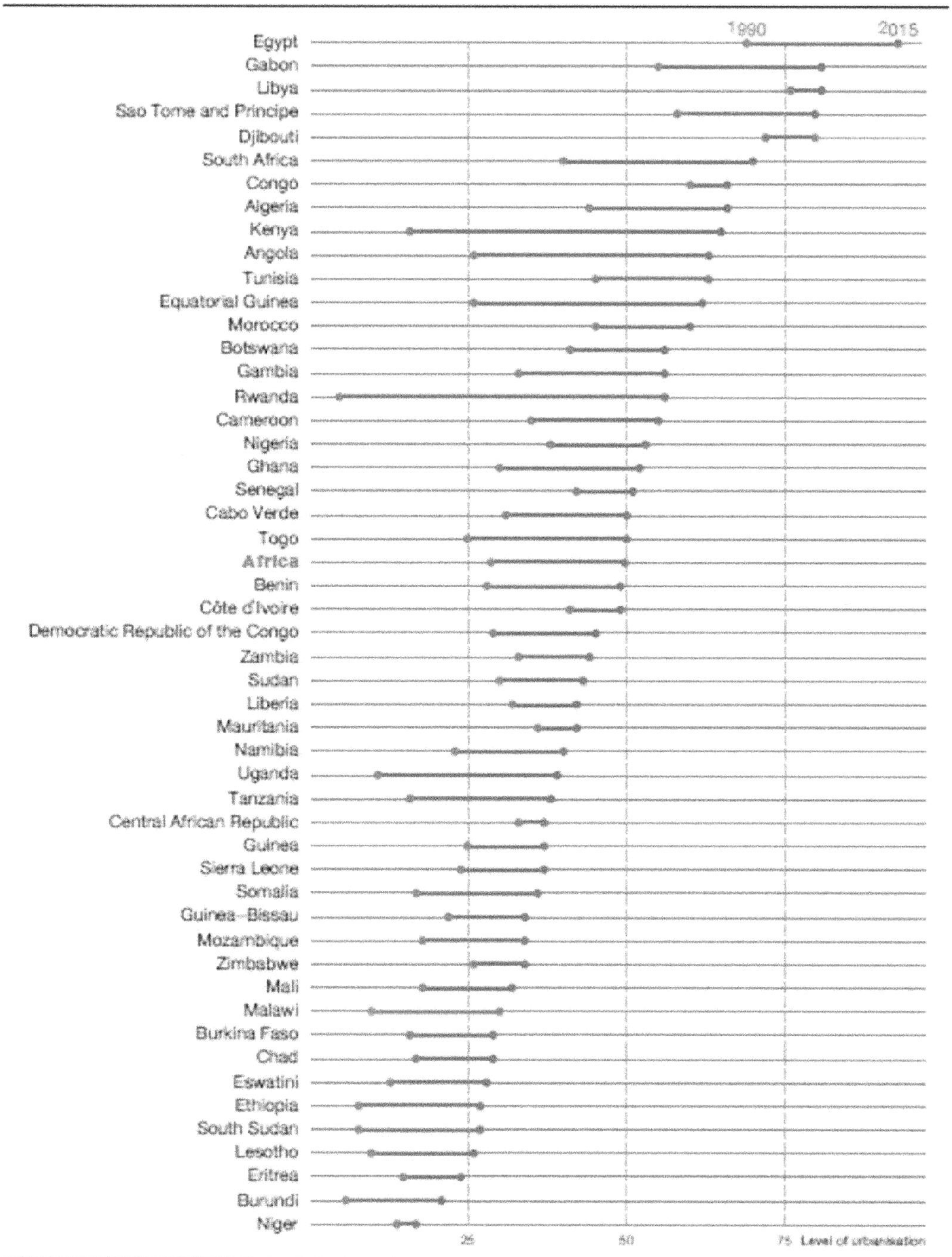

Note : niveau d'urbanisation exprimé en pourcentage ; à titre d'exemple, pour l'Afrique, le niveau d'urbanisation est passé de 31% en 1990 à 50% en 2015.
Source : SWAC/OECD (2020[55]), « More than one-third of West Africans have no handwashing facility at home ».

Cette croissance de la population urbaine en Afrique est principalement absorbée par l'expansion vers l'extérieur des zones métropolitaines et des villes secondaires. En tant que telles, les villes africaines sont très étendues, ce qui exacerbe la concentration spatiale des problèmes économiques, environnementaux et sociaux (World Resources Institute, 2019[46]), et a des implications importantes pour l'offre et la demande en eau. D'ici à 2050, deux tiers de l'urbanisation se fera dans les villes et les villes intermédiaires

(AfDB/OECD/UNDP, 2016[56]), qui ont moins de capacités à déployer des infrastructures que les grandes villes. En raison de ce modèle d'expansion urbaine, les villes africaines souffrent d'un manque de logements formels adéquats et d'accès aux services publics locaux de base, à la fois dans les zones d'habitats informels du centre urbain, mais également à la périphérie. En effet, les zones d'habitats informels densément peuplés ne disposent pas d'une infrastructure urbaine adéquate. Dans la plupart des villes africaines, la densité démographique et économique est plus élevée à proximité du centre-ville, et diminue de 7% à un kilomètre du centre-ville, contre 4% en moyenne dans les autres villes du monde. L'intensité de la lumière nocturne diminue également de 15%, contre 11% dans les villes du reste du monde (Vinay, 2017[25]). Ce modèle de développement pose déjà de nombreux défis en termes de planification, de logement et d'infrastructure de base et de fourniture de services publics, entre autres. Cela se reflète dans le développement hétérogène des zones urbaines planifiées et non planifiées ; ces dernières comprenant des zones d'habitats informels et des zones périurbaines se situant en dehors de la limite urbaine formelle et mélangeant des caractéristiques rurales et urbaines (Owusu, Agyei-Mensah et Lund, 2008[57]).

La croissance urbaine dans les villes d'Afrique subsaharienne se produit principalement dans des établissements non planifiés et informels : 56% des citadins en Afrique vivent dans ces zones, contre un tiers dans les pays en développement en général (UN, 2015[4]). En dépit d'un léger déclin de la population urbaine vivant dans des bidonvilles au cours des trois dernières décennies, dans certaines capitales, les habitats informels représentent la plus grande part de la croissance urbaine (graphique 1.7).

Graphique 1.7. Évolution de la part de la population urbaine vivant dans des bidonvilles dans les pays africains, 1990-2018

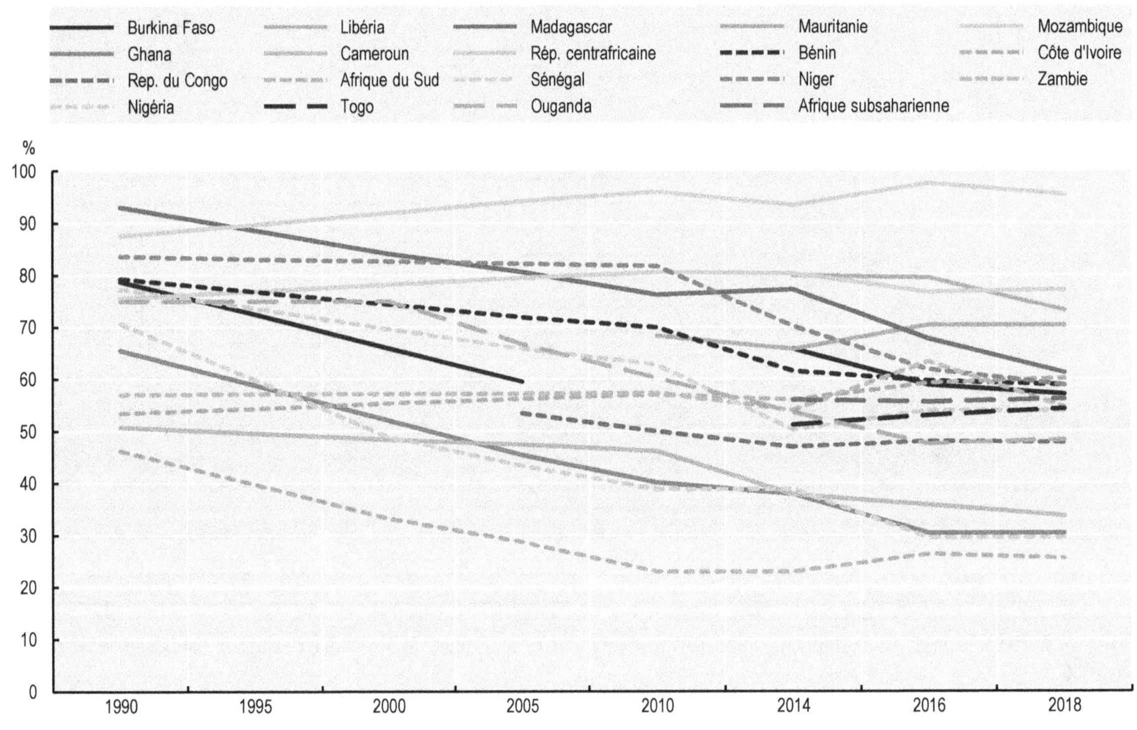

Source : UN-Habitat (2020[58]), *Urban Indicators Database*.

L'expansion et l'étalement des terres urbaines non gérées, résultant de la croissance démographique, ont également des effets néfastes sur l'utilisation des sols et sur l'environnement. La conversion croissante des terres agricoles et des plans d'eau environnants a de forts impacts sur la production alimentaire, les habitats et la conservation de la biodiversité. Un étalement urbain accru signifie également une augmentation des émissions de gaz à effet de serre, de la pollution atmosphérique et de la chaleur urbaine. Des projections récentes prévoient qu'en Afrique mi-latitudinale, les zones urbaines devraient être multipliées par près de 20 d'ici 2030 par rapport à 2000, avec la plus forte augmentation prévue à proximité des zones écologiquement protégées (Güneralp et al., 2017[59]).

Changement démographique

Au cours des dernières décennies, l'Afrique a connu une augmentation démographique spectaculaire, qui devrait se poursuivre à l'avenir. La population totale de l'Afrique est passée de 177 millions en 1950 à plus de 1,34 milliard en 2020 (Worldometer, s.d.[60]) sur la base des estimations de l'ONU) représentant 16,2% de la population mondiale. En dépit d'une baisse des taux de fécondité dans la plupart des pays d'Afrique subsaharienne, qui restent toujours les plus élevés au monde, la population devrait atteindre plus de 2 milliards d'ici 2050 (UN, 2015[4]). La population projetée d'ici 2050 en Afrique montre des disparités entre régions africaines. La population de l'Afrique orientale, occidentale et centrale devrait plus que doubler, tandis que la population de l'Afrique du Nord et australe augmentera dans une moindre mesure (graphique 1.8).

Graphique 1.8. Population totale projetée d'ici 2050 de l'Afrique et des régions africaines

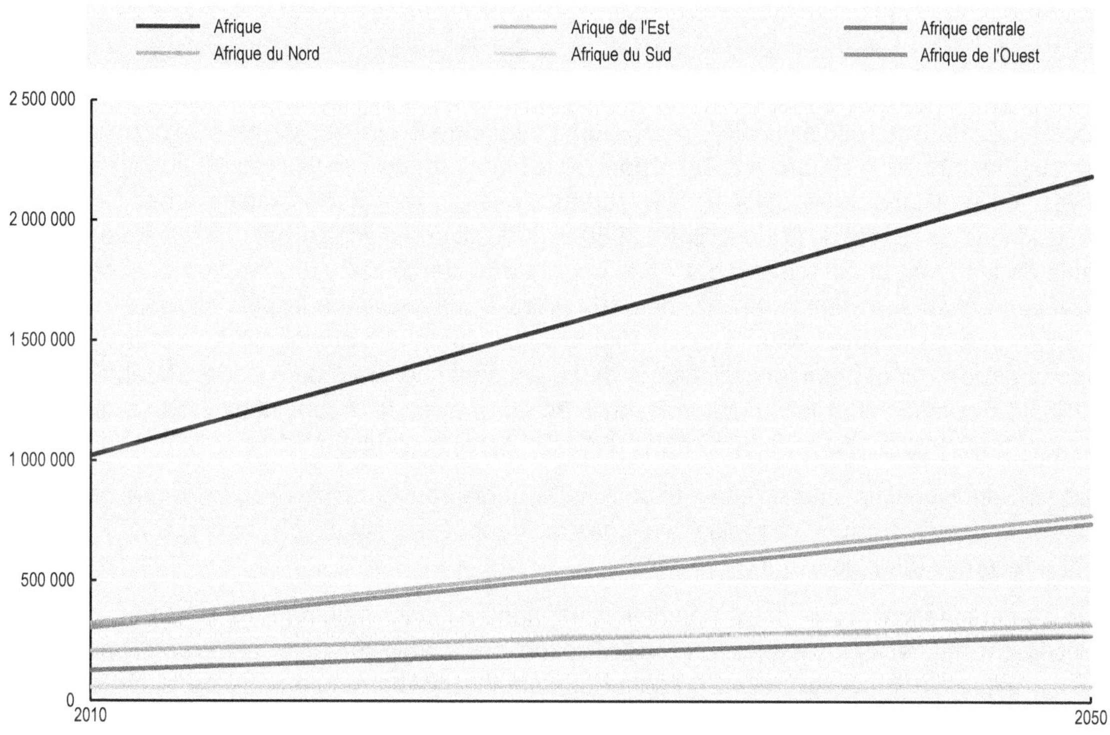

Source : UN (2015[4]), *World Urbanization Prospects: The 2014 Revision, ST/ESA/SER.A/366, Population Division*, Department of Economic and Social Affairs, United Nations.

L'augmentation globale de la population africaine était davantage concentrée dans les villes que dans les zones rurales. En 2015, plus de 560 millions d'Africains vivaient dans l'une des 7 617 agglomérations urbaines du continent, contre seulement 27 millions en 1950 (graphique 1.9). Si l'on se concentre uniquement sur l'Afrique subsaharienne, la population urbaine devrait plus que tripler, passant de 346 millions à 1,1 milliard d'ici 2050 (UN, 2015[4]). L'on estime ainsi que la population urbaine d'Afrique subsaharienne passera de 41% en 2019 à 60% en 2050 (UN, 2015[4]).

Graphique 1.9. Évolution de la population urbaine en Afrique, 1950-2015

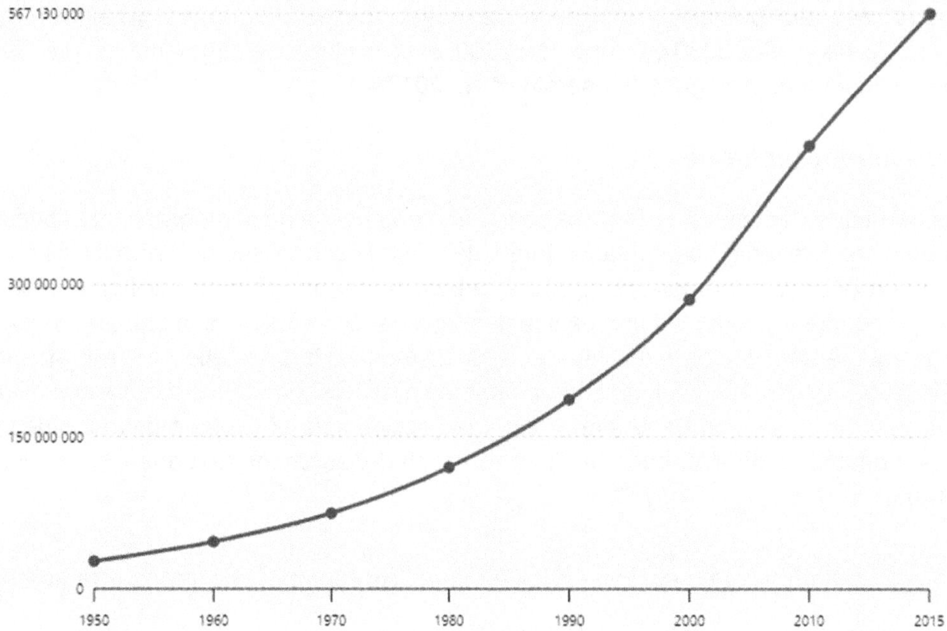

Source : OECD (s.d.[61]), *An Unprecedented Pace of Urbanisation – Africa*, http://www.oecd.org/africa-urbanisation/#discover-data.

La période entre 1950 et 1980 a vu la croissance urbaine croître le plus rapidement, la population urbaine africaine augmentant de 5,1% par an. Cette période a été marquée par des taux de croissance urbaine très élevés, en moyenne entre 6,4% et 8%, surtout dans les régions les moins urbanisées d'Afrique centrale, d'Afrique de l'Est et de l'Ouest. Entre 1980 et 2000, la croissance urbaine a décéléré à 4,4% pour l'ensemble de l'Afrique, et est remontée à 4,7% pour la période 2000-2015. Avec un taux de croissance annuel moyen actuel supérieur à 4%, 86 des 100 villes à la croissance la plus rapide au monde sont situées en Afrique. La population des villes d'Afrique subsaharienne a augmenté à un taux moyen de 4% par an au cours des vingt dernières années et devraient continuer de croître entre 3% et 4% par an de 2015 à 2055. En comparaison, le taux de croissance annuel moyen de la population urbaine dans le monde devrait varier de 1,44% à 1,84% de 2015 à 2030 (OMS, 2015) (graphique 1.10).

Les villes africaines participantes à l'enquête de l'OCDE sur la gouvernance de l'eau ne font pas exception à cette croissance démographique rapide, avec des taux annuels allant de 2% à plus de 20% au cours de la dernière décennie (graphique 1.11).

Bien que l'augmentation rapide de la population urbaine soit principalement causée par le taux élevé d'accroissement naturel des villes et la reclassification des établissements de l'arrière-pays en zones urbaines, la migration intra-régionale représente également une part importante de la croissance de la population urbaine en Afrique. Depuis 1990, la migration africaine a été principalement intracontinentale, bien que la distribution et les voies de migration aient changé au fil du temps. En 2000, le nombre de migrants internationaux originaires d'Afrique et vivant en Afrique représentait 12,5 millions de personnes, soulignant que la migration était avant tout un phénomène intra-africain. Ce nombre a augmenté régulièrement pour atteindre 19,4 millions en 2017 (UNCTAD, 2018[62]). Cette migration intracontinentale affecte considérablement la sécurité hydrique car la plupart des migrants s'installent dans les zones urbaines, augmentant ainsi la demande en eau et exerçant une pression supplémentaire sur les infrastructures d'eau et d'assainissement.

Graphique 1.10. Évolution annuelle et projection du taux de croissance de la population urbaine, 1950-2050

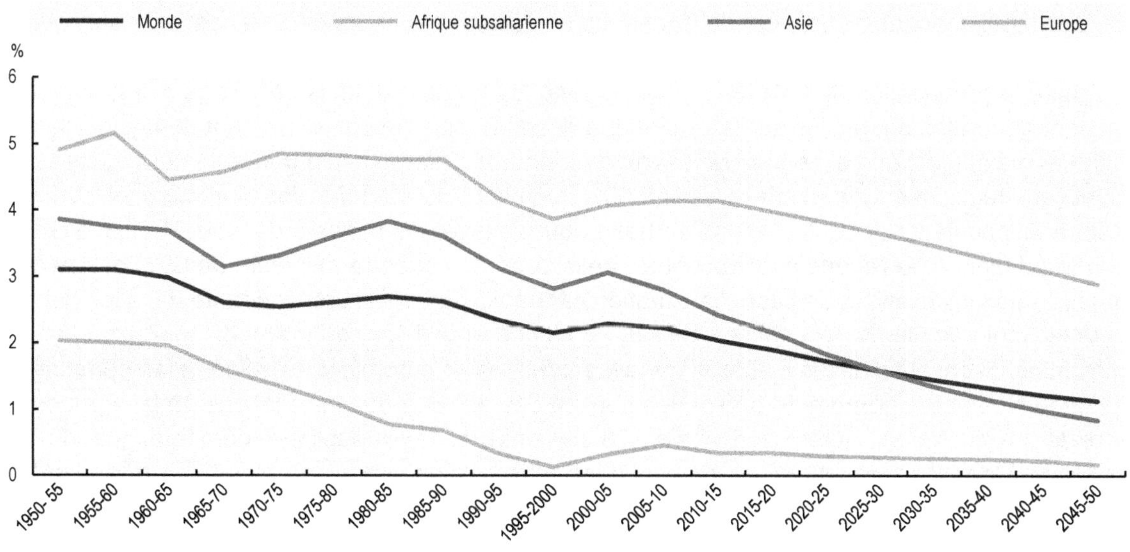

Source : UN (2015[4]), *World Urbanization Prospects: The 2014 Revision*, ST/ESA/SER.A/366, Population Division, Department of Economic and Social Affairs, United Nations.

Graphique 1.11. Croissance démographique dans certaines villes africaines, 1950-2015

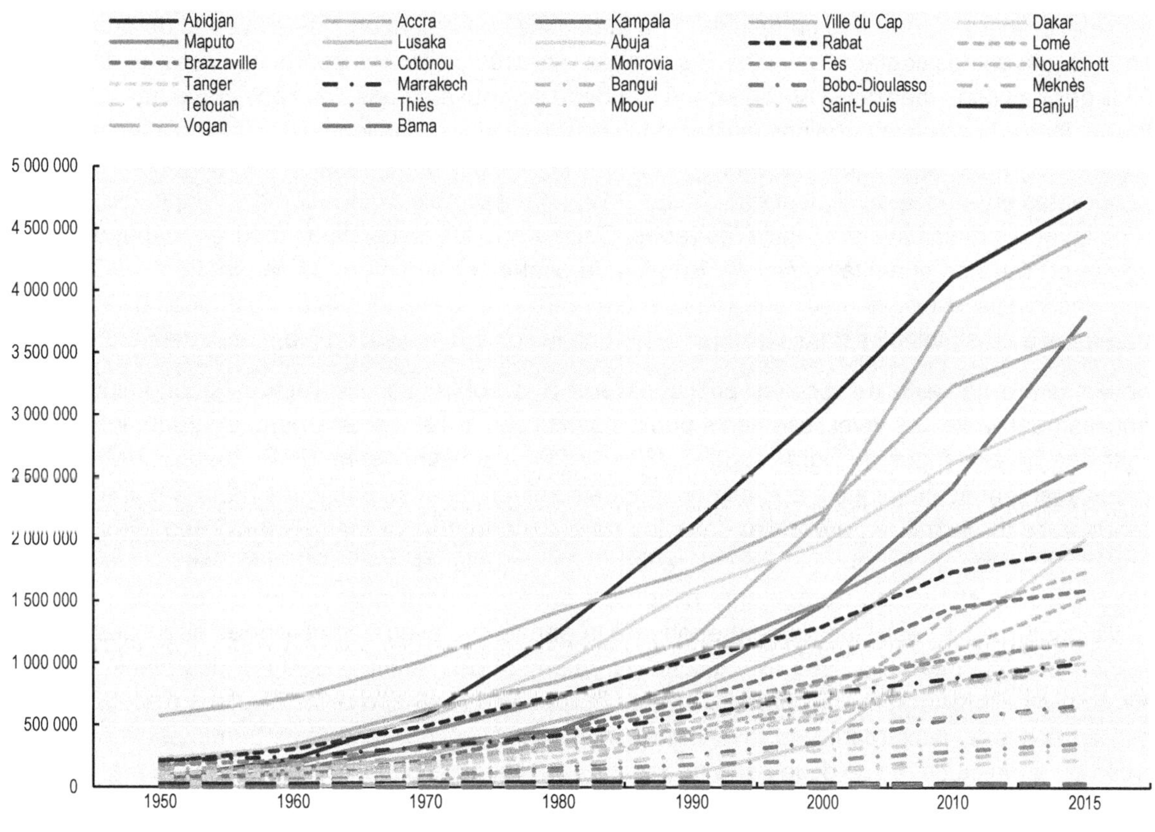

Source : sélection des villes ayant répondu à l'enquête de l'OCDE sur la gouvernance de l'eau, OECD (2021[9]), *OECD Survey on Water Governance in African Cities*, OECD, Paris; avec des données d'Africapolis (s.d.[63]), *Homepage*, https://africapolis.org/home.

COVID-19 et sécurité hydrique dans les villes africaines

Comme dans de nombreuses villes à travers le monde, le COVID-19 a mis en exergue les défis pressants liés à l'eau, soulignant et creusant entre autres les inégalités existantes dans l'accès aux services d'eau et d'assainissement. Le lavage des mains est l'une des principales mesures préventives recommandées pour réduire la propagation du COVID-19. Cependant, les niveaux actuels de lavage des mains avec du savon sont généralement faibles sur le continent africain. Évaluer le comportement de lavage des mains est difficile, mais la présence d'eau et de savon à un endroit déterminé est généralement utilisée comme indicateur indirect. Selon les données de l'UNICEF de 2017, la majorité des Sahéliens et d'Afrique de l'Ouest ne disposaient pas d'installations de base pour se laver les mains à domicile. Seuls le Ghana, le Mali, la Mauritanie et le Nigéria se situaient au-dessus de la moyenne mondiale de 60% des personnes ayant accès aux installations de base. La situation est particulièrement préoccupante dans les petits pays tels que le Bénin, la Gambie, la Guinée-Bissau, le Libéria et le Togo, où au moins les trois quarts de la population ne disposent d'aucun dispositif de lavage des mains à domicile. Le Nigéria fait partie des pays comptant le plus grand nombre de personnes n'ayant pas accès à des installations de lavage des mains au monde (49 millions), après l'Indonésie (78 millions) et la République démocratique du Congo (69 millions). Dans les zones urbaines du continent africain dans son ensemble, 55% de la population a accès à des services d'assainissement de base (c'est-à-dire des installations d'assainissement améliorées non partagées avec d'autres ménages) et 47% ont des installations de lavage des mains de base à domicile (UN-Habitat, 2020[64]). Ces chiffres descendent respectivement à 44% et 37% pour les zones urbaines situées en Afrique subsaharienne, avec des écarts importants entre les plus riches et les plus pauvres à l'intérieur d'un pays.

Alors que les zones rurales sont généralement moins bien équipées que les zones urbaines en termes d'installations de lavage des mains, les populations urbaines sont particulièrement exposées au risque de contamination par le COVID-19 compte tenu de la densité de population plus élevée et du grand nombre de lieux favorisant les contacts humains tels que les marchés ou les transports en commun. De fait, plus de 95% des cas confirmés de COVID-19 dans le monde se trouvent dans des zones urbaines (UN-Habitat, 2020[65]). Dans les zones urbaines africaines, les installations publiques de lavage des mains sont généralement rares et manquent souvent de savon. Les installations mobiles de lavage des mains sont très courantes en Afrique de l'Ouest (graphique 1.12) ; par exemple, l'utilisation de cruches ou de bassins pour se laver les mains avant et après les repas. Cependant, les installations mobiles manquent souvent de savon et d'eau en quantité suffisante. En plus de contribuer à contenir la pandémie du COVID-19, le lavage des mains est également une mesure préventive de base, qui peut contribuer à éradiquer de nombreuses autres maladies transmissibles telles que le choléra, qui est toujours prévalent dans la région.

À moyen terme, la perte de recettes publiques due à la contraction de l'activité économique pourrait potentiellement limiter les investissements publics dans l'eau et l'assainissement. En 2020, le PIB devrait baisser de -1% en Afrique du Nord[2] et de -3,2% en Afrique subsaharienne (IMF, 2020[66]) (IMF, 2020[67]). Le ralentissement économique a eu un impact négatif sur les recettes publiques dans la plupart des pays d'Afrique subsaharienne, en particulier dans les pays exportateurs de pétrole, bien que les subventions devraient permettre un relatif maintien des revenus dans quelques pays (Burkina Faso, Tchad, Niger et Sénégal). De nombreux gouvernements nationaux en Afrique ont pris des mesures pour assurer un approvisionnement en eau adéquat en réponse à la pandémie, avec des politiques publiques allant des subventions à court terme ou des exemptions du paiement des factures d'eau, à des plans à plus long terme pour améliorer l'approvisionnement en eau et l'accès à l'eau et aux installations d'assainissement. Dans certains cas, cependant, les investissements publics et privés à long terme peuvent avoir été retardés ou annulés en raison de la perte de recettes publiques et de la situation économique.

Graphique 1.12. Installations de lavage des mains fixes ou mobiles dans une sélection de pays africains

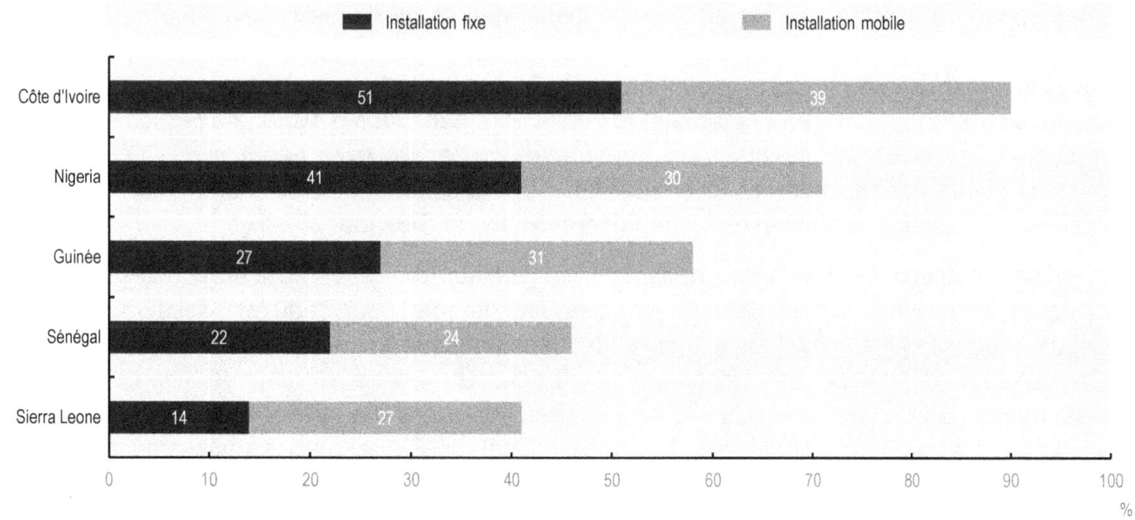

Source : UNICEF/WHO (2019[68]), « Progress on household drinking water, sanitation and hygiene (2000-2017), special focus on inequalities ».

En Afrique du Sud, alors que le COVID-19 a frappé particulièrement durement la province du Cap-Occidental avec 270 691 cas et 10 731 décès (20% du total des décès en Afrique du Sud), situés essentiellement dans la Ville du Cap, l'administration de la ville a fait preuve de résilience face à la pandémie, en tirant largement parti des leçons des crises passées telles que les sécheresses (encadré 1.4).

Encadré 1.4. Comment la crise de l'eau au Cap a ouvert la voie à la gestion de la crise du COVID-19

Impact du Covid-19 en Afrique du Sud et au Cap

Comme la plupart des autres pays du monde, l'Afrique du Sud a été durement touchée par la pandémie du COVID-19, avec plus de 1 485 000 cas confirmés de COVID-19 et plus de 47 400 décès (à ce jour) (WHO, 2021[69]). Bien que l'impact de la pandémie ait été relativement atténué sur le continent africain par rapport aux autres régions, l'Afrique du Sud a le nombre de cas le plus élevé du continent à ce jour et continue de porter le fardeau le plus lourd de la pandémie en Afrique, avec 69% du total des décès (en janvier 2021) et 57% des cas signalés et confirmés dans la région africaine (WHO, 2021[70]). En plus des pertes humaines, la pandémie du COVID-19 et le confinement qui a suivi ont provoqué une forte baisse de l'activité économique.

L'Afrique du Sud a réagi rapidement à l'épidémie en établissant un confinement à l'échelle nationale le 26 mars 2020. L'activité économique a été réduite dans les mines et l'industrie et s'est arrêtée dans les secteurs du tourisme, des divertissements et du transport. L'OCDE (2020[71]) estime que dans un scénario impliquant plusieurs vagues, une nouvelle épidémie affectant l'Afrique du Sud et ses pays partenaires commerciaux réduira les exportations, approfondissant la récession à -8,2% en 2020 et limitant la reprise en 2021, avec une croissance du PIB à 0,6%.

Le Cap Occidental a été l'une des provinces les plus durement touchées du pays, avec plus de 10 000 décès et plus de 270 000 cas (Western Cape Government, 2020[72]). La région métropolitaine du Cap représentait environ 70% du total des cas dans la province. En termes de gestion de l'eau et de fourniture de services, la pandémie a mis en évidence les inégalités déjà existantes en matière d'accès aux services d'eau et d'assainissement dans les townships, les zones d'habitats informels et parmi les sans-abri du Cap. Le Département national des établissements humains, de l'eau et de l'assainissement a acheté 41 000 réservoirs d'eau pour la distribution nationale afin d'assurer l'approvisionnement en eau pendant le confinement afin que les personnes dans ces conditions de vie puissent avoir suffisamment d'eau potable et maintenir des habitudes d'hygiène adéquates et saines. Cependant, il existe des préoccupations très importantes concernant la propagation du COVID-19 dans les zones d'habitats informels par les toilettes et les robinets communaux, ainsi que des problèmes de sécurité liés à l'utilisation des réservoirs d'eau (Hara, Ncube et Sibanda, 2020[73]).

Le COVID-19 soulève de nombreux défis pour le secteur de l'eau, notamment des problèmes économiques et sociaux. Un modèle de financement durable pour l'eau et l'assainissement est nécessaire, mais dans les conditions actuelles de stress hydrique et dans la mesure où les tarifs sont fixés en-dessous du niveau de recouvrement des coûts, il sera difficile de financer tous les investissements dans le domaine de l'eau nécessaires pour atteindre la résilience tout en répondant aux besoins humains et sociaux de base. Le Plan National de l'Eau et de l'Assainissement, qui définit l'approche du pays pour aborder, entre autres, les inégalités d'accès à l'eau et à l'assainissement pour les pauvres dans les villes, sera testé pendant la pandémie, en particulier en ce qui concerne la coordination entre la capacité de financement et les besoins de financement, compte tenu de la pression supplémentaire que la pandémie entraîne en termes de ressources.

De la gestion de crise à la « nouvelle normalité »

Les leçons apprises au cours des étapes critiques de la crise de l'eau dans la Ville du Cap en 2017-2018 l'ont aidé à faire face aux difficultés imposées par la pandémie en 2019-2020.

De fait, une terminologie devenue répandue à travers le monde, telle que la « nouvelle norme », qui fait référence à la prise de conscience que la crise provoquée par la pandémie entraînera un changement permanent, était déjà utilisée par les parties prenantes du Cap occidental pour faire référence aux effets de la sécheresse et les effets prévus du changement climatique. Tout comme la sécheresse, la pandémie a précipité des changements qui ont eu de profonds impacts économiques, avec des pertes directes de revenus à de nombreux niveaux, ainsi qu'une baisse du PIB et les taux de croissance des pays. En outre, des changements sociaux concernant les conditions de vie et les modalités de travail sont observables. De plus, l'aspect environnemental des deux crises est indéniable, les impacts à long terme du changement climatique devenant de plus en plus visibles.

Certaines leçons importantes apprises pendant la sécheresse ont influencé la réponse de la ville au COVID-19. À titre d'exemple, les deux crises ont conduit le gouvernement du Cap-Occidental et de la Ville du Cap à apprécier l'importance d'une communication efficace avec les citoyens et les parties prenantes pour une action coordonnée et pour instaurer la confiance. Ce besoin d'interactions, de collaborations ouvertes entre les parties prenantes est également devenu apparent lors de la crise du COVID-19, où, malgré les conditions difficiles, les acteurs municipaux ont travaillé ensemble au travers de comités transversaux pour minimiser l'impact du COVID-19 sur ses habitants de manière plus cohérente, une méthode qui a été mise en pratique avec la crise de l'eau.

Le COVID-19 peut fournir l'impulsion nécessaire à une reprise verte, en s'appuyant sur la stratégie de résilience du Cap 2019 mise en œuvre en réponse à la crise de l'eau. Par exemple, l'impulsion - consistant à donner la priorité aux investissements dans les services écosystémiques tels que le défrichage des espèces exotiques envahissantes comme moyen plus rentable d'augmenter l'approvisionnement en eau - pourrait devenir plus forte en période de limitations de financement provoquées par la pandémie. Cependant, le plein impact du COVID-19 reste à voir et l'avenir reste incertain tant que la pandémie restera endémique.

Source : élaboration de l'auteur basée sur Hara, M., B. Ncube and D. Sibanda (2020[73]), « Water and sanitation in the face of Covid-19 in Cape Town's townships and informal settlements »; OECD (2020[71]), *OECD Economic Surveys: South Africa 2020*, https://doi.org/10.1787/530e7ce0-en; Western Cape Government (2020[72]), *Covid-19 Dashboard*, Covid-19 Response; WHO (2021[69]), *South Africa: WHO Coronavirus Disease (COVID-19) Dashboard*, World Health Organization; WHO (2021[70]), *COVID-19 Situation Update for the WHO Africa Region*, World Health Organization.

Références

ActionAid (2006), *Climate Change, Urban Flooding and the Rights of the Urban Poor in Africa: Key Findings from Six African Cities*. [20]

AfDB/OECD/UNDP (2016), *African Economic Outlook 2016: Sustainable Cities and Structural Transformation*, OECD Publishing, Paris, https://dx.doi.org/10.1787/aeo-2016-en. [56]

Africapolis (s.d.), *Homepage*, https://africapolis.org/home. [63]

Awuor, C., V. Orindi et A. Adwera (2008), « Climate change and coastal cities: The case of Mombasa, Kenya », *Environment and Urbanization*, vol. 20/1, pp. 231–242. [48]

Barros, V. et al. (dir. pub.) (2014), *Africa*, Cambridge University Press. [45]

Begum, S., M. Stive et J. Hall (dir. pub.) (2007), *Flood Risk Management in Europe: Innovation in Policy and Practice*, Springer Science. [15]

City of Cape Town (2020), *City of Cape Town Website*. [31]

Climat, environnement, société (2012), « Conference on « Water Scarcity in Africa: Issues and Challenges » », 3 October 2012, Paris, France, https://web.archive.org/web/20160327004419/http://gisclimat.fr/en/node/1417. [44]

Douglas (2017), « Flooding in African cities, scales of causes, teleconnections, risks, vulnerability and impacts », *International Journal of Disaster Risk Reduction*, vol. 26, http://dx.doi.org/10.1016/j.ijdrr.2017.09.024. [13]

EM-DAT (2020), *EM-DAT Database*, https://www.emdat.be/database. [10]

Etuonovbe, A. (2011), « The devastating effect of flooding in Nigeria », FIG Working Week, Bridging the Gap between Cultures, Marrakech, Morocco, 18-22 May. [19]

FAO (2021), *AquaStat*, Food and Agriculture Organization, United Nations, http://www.fao.org/aquastat/en/. [52]

Garrick, D. et al. (2019), *Informal Water Markets in an Urbanising World: Some Unanswered Questions*, World Bank, Washington, DC. [37]

Global Commission on Adaptation (2019), *Adapt Now: A Global Call for Leadership on Climate Resilience*. [54]

Güneralp, B. et al. (2017), « Urbanization in Africa: Challenges and opportunities for conservation », *Environmental Research Letter*, vol. 13/015002. [59]

Hallegatte, S. et al. (2013), « Future flood losses in major coastal cities », *Nature Climate Change*, vol. 3, pp. 802-806. [11]

Hara, M., B. Ncube et D. Sibanda (2020), « Water and sanitation in the face of Covid-19 in Cape Town's townships and informal settlements ». [73]

Hawkins (2017), *The impacts of bottled water: an analysis of bottled water markets and their interactions with tap water provision*. [38]

Housing Development Agency, South Africa (2014), *Informal settlements: Rapid assessment and categorisation*, https://www.pptrust.org.za/wp-content/uploads/delightful-downloads/rapid-assessment-and-categorisation-guidelines-2014.pdf. [30]

Houston, D. et al. (2011), « Pluvial (rain-related) flooding in urban areas: The invisible hazard », Joseph Rowntree Foundation, New York. [16]

IMF (2020), *Regional Economic Outlook: Middle East and Central Asia*, International Monetary Fund. [66]

IMF (2020), *Regional Economic Outlook: Sub-Saharan Africa*, International Monetary Fund, Washington, DC, http://imf.org/-/media/Files/Publications/REO/AFR/2020/October/English/text.ashx. [67]

ISMAPS (s.d.), *Struggle for dignity in Cape Town's Informal Settlements: The Facts*, http://ismaps.org.za. [32]

Kariuki, S. (2005), *Small Scale Private Service Providers of Water Supply and Electricity: A Review of Incidence, Structure, Pricing and Operating Characteristics*. [34]

Kinuthia-Njenga, B. (2009), *Climate Change and Migration in Nairobi*, Report prepared for the World Bank. [47]

Lall, S., J. Henderson et A. Venables (2017), *Africa's Cities: Opening Doors to the World*, World Bank, Washington, DC. [29]

McDonald, R. et al. (2011), « Urban growth, climate change, and freshwater availability », *PNAS*, vol. 108/15, pp. 6312-6317, https://doi.org/10.1073/pnas.1011615108. [26]

Merz, B., A. Thieken et M. Gocht (2007), « Flood risk mapping at the local scale: Concepts and challenges », dans Begum, S., M. Stive et J. Hall (dir. pub.), *Flood Risk Management in Europe : Innovation in Policy and Practice*, Springer, London. [17]

Misra, K. (2014), « From formal-informal to emergent formalisation: Fluidities in the production of urban waterscapes », *Water Alternatives*, vol. 7/1, pp. 15-34. [74]

Nchito, W. (2007), « Flood risk in unplanned settlements in Lusaka », *Environment and Urbanization*, vol. 19/2, pp. 539–551. [22]

Ndaruzaniye, V. et al. (2010), « Climate change and security in Africa: Vulnerability discussion paper », *Africa Climate Change Environment and Security*, vol. 3/9. [6]

Nkwunonwo, U., M. Whitworth et B. Baily (2016), « A review and critical analysis of the efforts towards urban flood reduction in the Lagos region of Nigeria », *Natural Hazards and Earth System Science*, vol. 16, pp. 349-369. [14]

OECD (2021), *OECD Survey on Water Governance in African Cities*, OECD, Paris. [9]

OECD (2021), *Water Governance in Cape Town, South Africa*, OECD Studies on Water, OECD Publishing, Paris, https://dx.doi.org/10.1787/a804bd7b-en. [33]

OECD (2020), *OECD Economic Surveys: South Africa 2020*, OECD Publishing, Paris, https://doi.org/10.1787/530e7ce0-en. [71]

OECD (2015), *OECD Principles on Water Governance*, OECD, Paris, https://www.oecd.org/gov/regional-policy/OECD-Principles-on-Water-Governancebrochure.pdf. [3]

OECD (2013), *Water Security for Better Lives*, OECD Studies on Water, OECD Publishing, Paris, http://dx.doi.org/10.1787/9789264202405-en. [7]

OECD (2012), *OECD Environmental Outlook 2050*, https://doi.org/10.1787/1999155x. [2]

OECD (s.d.), *An Unprecedented Pace of Urbanisation - Africa*, OECD, Paris, http://www.oecd.org/africa-urbanisation/#discover-data. [61]

Owusu, G., S. Agyei-Mensah et R. Lund (2008), « Slums of hope and slums of despair: Mobility and livelihoods in Nima, Accra », *Norsk Geografisk Tidsskrift – Norwegian Journal of Geography*, vol. 62/3. [57]

Parks (2019), *Experiences and lessons in managing water from Cape Town*, Imperial College London. [51]

Pharoah, R. (2014), « Built-in risk: Linking housing concerns and flood risk in subsidized housing settlements in Cape Town, South Africa », *International Journal of Disaster Risk Science*, vol. 5, pp. 313–322. [24]

Porter, J. et al. (2013), « Food security and food production systems », dans *Turn Down the Heat : Climate Extremes, Regional Impacts, and the Case for Resilience*, World Bank, Washington, DC. [53]

Satterthwaite (2008), *Towards Pro-Poor Adaptation to Climate Change in the Urban Centres of Low- and Middle- Income Countries*, The Global Urban Research Centre, p. 44. [21]

Sawadogo, D. (2015), « Delivering city-wide WASH services: reaching informal settlements in Ouagadougou, Burkina Faso ». [39]

SDGC/A and SDSN (2020), *Africa SDG Index and Dashboards Report 2020*, Sustainable Development Goals Center for Africa and Sustainable Development Solutions Network. [8]

Simatele, M., J. Binns et M. Simatele (2012), « Sustaining livelihoods under a changing climate: The case of urban agriculture in Lusaka, Zambia », *Journal of Environmental Planning and Management*, vol. 55/9, pp. 1175–1191. [49]

Solo (2003), *Independent Water Entrepreneurs in Latin America: The Other Private Sector in Water Services*. [36]

SWAC/OECD (2020), « More than one-third of West Africans have no handwashing facility at home ». [55]

Tiepolo, M. (2014), « Flood risk reduction and climate change in large cities south of the Sahara », dans Macchi, S. et M. Tiepolo (dir. pub.), *Climate Change Vulnerability in Southern African Cities*, Springer, Switzerland. [12]

UN (2015), *World Urbanization Prospects: The 2014 Revision*, ST/ESA/SER.A/366, Population Division, Department of Economic and Social Affairs, United Nations. [4]

UN (2014), *Water for Life - Africa*, United Nations, https://www.un.org/waterforlifedecade/africa.shtml#:~:text=About%2066%25%20of%20Africa%20is,poor%20hygiene%20and%20contaminated%20water. [41]

UNCTAD (2018), *Economic Development in Africa Report 2018*. [62]

UN-Habitat (2020), *COVID-19 in African Cities: Impacts, Responses and Policies*, http://unhabitat.org/sites/default/files/2020/06/covid19_in_african_cities_impacts_responses_and_policies2.pdf. [64]

UN-Habitat (2020), *UN-Habitat COVID-19 Response Plan*, http://unhabitat.org/sites/default/files/2020/04/final_un-habitat_covid-19_response_plan.pdf. [65]

UN-Habitat (2020), *Urban Indicators Database*. [58]

UNICEF/WHO (2019), « Progress on household drinking water, sanitation and hygiene (2000-2017), special focus on inequalities », United Nations Children's Fund and World Health Organization. [68]

UN-Water (s.d.), *Indicator 6.3.1 – Wastewater Treatment*, https://www.sdg6data.org/indicator/6.3.1. [42]

UN-Water (s.d.), *Indicator 6.3.2 – Water Quality*, https://www.sdg6data.org/indicator/6.3.2. [43]

USAID (2015), *Sustainable Water and Sanitation for Africa: Final Report*, United States Agency for International Development. [40]

Verisk Maplecroft (2018), *Climate Change Vulnerability Index*, https://www.maplecroft.com/risk-indices/climate-change-vulnerability-index/. [5]

Viljoen, M. et H. Booysen (2006), « Planning and management of flood damage control: The South African experience », *Irrigation and Drainage*, vol. 55/1, pp. S83–S91. [23]

Vinay, H. (2017), *Africa's Cities: Opening Doors to the World*. [25]

Vojinović (2015), *Flood Risk: The Holistic Perspective: From Integrated to Interactive Planning for Flood Resilience*, http://dx.doi.org/10.2166/9781780405339. [18]

Vörösmarty, C. et al. (2010), « Global threats to human water security and river biodiversity », *Nature and Resources*, vol. 467, pp. 555-561. [28]

Western Cape Government (2020), *Covid-19 Dashboard*, Covid-19 Response. [72]

WHO (2021), *COVID-19 Situation Update for the WHO Africa Region*, World Health Organization. [70]

WHO (2021), *South Africa: WHO Coronavirus Disease (COVID-19) Dashboard*, World Health Organization. [69]

WHO/UNICEF (2019), « Progress on household drinking water, sanitation and hygiene 2000-17. Special focus on inequalities », World Health Organization and United Nations Children's Fund, New York. [27]

World Economic Forum (2020), *World Economic Forum's Global Risks Report*. [1]

World Resources Institute (2019), *Upward and Outward Growth: Managing Urban Expansion for More Equitable Cities in the Global South*. [46]

World Wildlife Fund (2018), *Agricultural water file: Farming for a drier future*, https://www.wwf.org.za/water/?25441/Agricultural-water-file-Farming-for-a-drier-future. [50]

Worldometer (s.d.), *Africa Population*, https://www.worldometers.info/world-population/africa-population/. [60]

Wutich, A., M. Beresford et C. Carvajal (2016), « Can Informal Water Vendors Deliver on the Promise of A Human Right to Water? Results From Cochabamba, Bolivia », *World Development*, vol. 79, pp. 14-24. [35]

Notes

[1] Le terme fournisseurs informels fait référence à tous les types de fournisseurs d'eau qui n'opèrent pas dans le cadre juridique de la gestion de l'eau dans une zone. Il fait référence à toute forme de service d'eau non public et inclut tous les petits entrepreneurs qui sont institutionnellement et contractuellement indépendants du service public. Le terme « informel » est lié à la fois aux systèmes techniques de fourniture (qui peuvent inclure l'infrastructure et la vente d'eau) et aux relations qui en résultent (Misra, 2014[74]).

[1] L'indice de vulnérabilité aux changements climatiques 2018 utilise une cinquantaine de données existantes, allant des modèles climatiques aux facteurs économiques, y compris les projections démographiques, pour évaluer la vulnérabilité des êtres humains au changement climatique et aux événements météorologiques extrêmes sur une période de trente ans (Verisk Maplecroft, 2018[5]).

[2] Dans (IMF, 2020[66]), le proxy le plus proche des pays d'Afrique du Nord est la région du FMI au Moyen-Orient, en Afrique du Nord, en Afghanistan et au Pakistan (MOANAP), qui se concentre sur les pays importateurs de pétrole plutôt que sur les exportateurs de pétrole (importateurs de pétrole MOANAP). Ce groupe de pays comprend l'Afghanistan, Djibouti, l'Égypte, la Jordanie, le Liban, la Mauritanie, le Maroc, le Pakistan, la Somalie, le Soudan, la Syrie, la Tunisie, la Cisjordanie et Gaza.

2 Cartographie des politiques et institutions clé de l'eau dans les villes africaines

Ce chapitre évalue l'état d'avancement des politiques et institutions de l'eau dans les pays et villes du continent africain en décrivant qui fait quoi aux niveaux national et municipal, soulignant ainsi la fragmentation et la complexité de la politique et de la gestion des ressources et services hydriques en Afrique.

Faire face aux défis actuels et futurs de l'eau nécessite des politiques publiques robustes, ciblant des objectifs mesurables dans des calendriers prédéterminés à l'échelle appropriée, reposant sur une attribution claire des tâches entre les autorités responsables et faisant l'objet d'un suivi et d'une évaluation réguliers. La gouvernance de l'eau peut grandement contribuer à la conception et à la mise en œuvre de telles politiques, dans le cadre d'une responsabilité partagée entre les niveaux de gouvernement, la société civile, les entreprises et un large éventail de parties prenantes qui ont un rôle important à jouer aux côtés des décideurs politiques pour récolter les avantages environnementaux d'une bonne gouvernance de l'eau.

Évaluer l'état des lieux de la gouvernance de l'eau dans les villes africaines nécessite de comprendre qui fait quoi dans la conception et la mise en œuvre de la politique de l'eau. Fournir une telle cartographie constitue la première étape pour distinguer clairement les rôles et responsabilités clé pour l'élaboration des politiques, la mise en œuvre des politiques, la gestion opérationnelle, l'information, le suivi, la réglementation et le financement. Ce chapitre précise cette répartition des rôles en évaluant les politiques et institutions liées à l'eau aux niveaux national et municipal en Afrique.

La cartographie présentée au niveau des villes s'appuie sur les réponses recueillies auprès d'un échantillon de 36 villes africaines suite à une enquête de l'OCDE sur la Gouvernance de l'Eau réalisée entre mai et septembre 2020 (encadré 2.1).

Encadré 2.1. Enquête de l'OCDE sur la gouvernance de l'eau dans les villes africaines

Les données ont été collectées avec le soutien de CGLU-Afrique de mai à septembre 2020, pour un total de 36 villes africaines (graphique 2.1) :

Abidjan (Côte d'Ivoire); Abuja (Nigéria); Accra (Ghana); Al Hoceima (Maroc); Antananarivo (Madagascar); Bama (Burkina Faso); Bangangté (Cameroun); Bangui (République centrafricaine); Banjul (Gambie); Bobo-Dioulasso (Burkina Faso); Brazzaville (République du Congo); Le Cap (Afrique du Sud); Chefchaouen (Maroc); Cocody (Côte d'Ivoire); Cotonou (Bénin); Dakar (Sénégal); Dionaba (Mauritanie); Fès (Maroc); Golf 3 (Togo); Kampala (Ouganda); Kanembakache (Niger); Lomé (Togo); Lusaka (Zambie); Maputo (Mozambique); Marrakech (Maroc); Mbour (Sénégal); Meknès (Maroc); Monrovia (Libéria); Nouakchott (Mauritanie); Rabat (Maroc); Rosso (Mauritanie); Saint-Louis (Sénégal); Tanger (Maroc); Tétouan (Maroc); Thiès (Sénégal); et Vogan (Togo).

Les villes étudiées comprennent 15 capitales (43% de l'échantillon et 28% du nombre total de capitales en Afrique), et 77% des villes africaines francophones, en dépit des efforts visant à inclure les villes des pays africains anglophones et lusophones pour mieux équilibrer l'échantillon. Bien que l'échantillon global comprenne une représentation équilibrée des villes de différentes tailles (tableau 2.1), il n'est pas représentatif en termes de portée géographique.

Le questionnaire d'enquête (voir annexe B) comprend 39 questions, réparties en huit sections :

- Section 1. Mégatendances et risques liés à l'eau
- Section 2. Institutions en charge de la gestion des ressources en eau et des services d'eau
- Section 3. Cohérence entre les politiques locales
- Section 4. Financement
- Section 5. Engagement des parties prenantes
- Section 6. Données, suivi, rapports, évaluation
- Section 7. Obstacles à une gouvernance efficace de l'eau
- Section 8. Priorités futures de la politique de l'eau

Graphique 2.1. Villes africaines ayant répondu à l'enquête de l'OCDE sur la Gouvernance de l'Eau

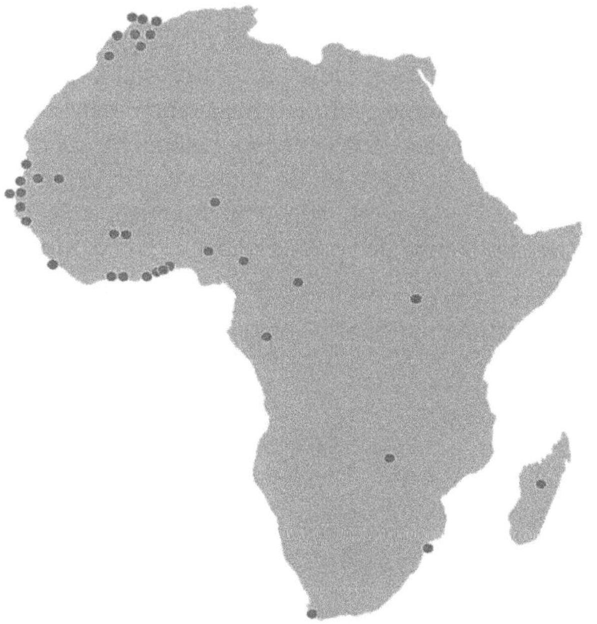

Source : OECD (2021[1]), *OECD Survey on Water Governance in African Cities*, OECD, Paris.

Tableau 2.1. Villes africaines ayant participé à l'enquête de l'OCDE sur la gouvernance de l'eau

Habitants	Part des villes dans l'échantillon	Villes
> 3 millions	25%	Abuja (Nigéria), Lusaka (Zambie), Antananarivo (Madagascar), Dakar (Sénégal), Le Cap (Afrique du Sud), Kampala (Ouganda), Abidjan (Côte d'Ivoire), Accra (Ghana), Brazzaville (Rép. du Congo)
De 1 à 3 millions	25%	Tanger (Maroc), Nouakchott (Mauritanie), Bangui (République centrafricaine), Fès (Maroc, Maputo (Mozambique), Monrovia (Liberia), Lomé (Togo), Rabat (Maroc), Cotonou (Bénin)
De 300 000 à 1 million	22%	Bobo-Dioulasso (Burkina Faso), Banjul (Gambie), Cocody (Côte d'Ivoire), Golf 3 (Togo), Tétouan (Maroc), Thiès (Sénégal), Meknès (Maroc), Marrakech (Maroc)
< 300 00	28%	Dionaba (Mauritanie), Vogan (Togo), Kanembakache (Nigéria), Chefchaouen (Maroc), Al Hoceima (Maroc), Rosso (Mauritanie), Bangangté (Cameroun), Bama (Burkina Faso), Mbour (Sénégal), Saint Louis (Sénégal)

Source : OECD (2021[1]), *OECD Survey on Water Governance in African Cities*, OECD, Paris.

L'enquête a été envoyée aux collectivités territoriales et aux responsables municipaux. Les données de l'enquête ont été traitées pour évaluer les caractéristiques de la gouvernance de l'eau dans les villes africaines, fournir des preuves quantifiées concernant les lacunes de gouvernance, et mettre en lumière la diversité des situations de gouvernance dans les villes africaines. Sur la base de ces réponses, une série de profils de villes a été préparée pour fournir les données et faits granulaires pour chaque ville ayant participé à l'enquête.

Politiques de l'eau dédiées aux niveaux national et local en Afrique

Statut de la politique nationale de l'eau en Afrique

Le rapport GLAAS 2019 fournit des informations sur l'adoption des politiques nationales de l'eau et de l'assainissement dans les pays africains. Des politiques nationales de l'eau ont été formellement approuvées dans 28 pays africains (64%), alors qu'elles sont en cours de révision dans huit pays (18%) et en cours d'élaboration dans huit autres (18%). La situation est similaire dans le domaine de l'assainissement puisque 25 pays africains (57%) ont formellement approuvé une politique nationale d'assainissement. Dans huit pays, cette politique est en cours de révision et dans dix pays (22%), elle est en cours d'élaboration (graphique 2.2). En outre, les droits humains à l'eau et à l'assainissement sont reconnus dans la Constitution des deux tiers des pays africains.

Graphique 2.2. Existence de politiques nationales de l'eau et de l'assainissement en Afrique, 2018/2019

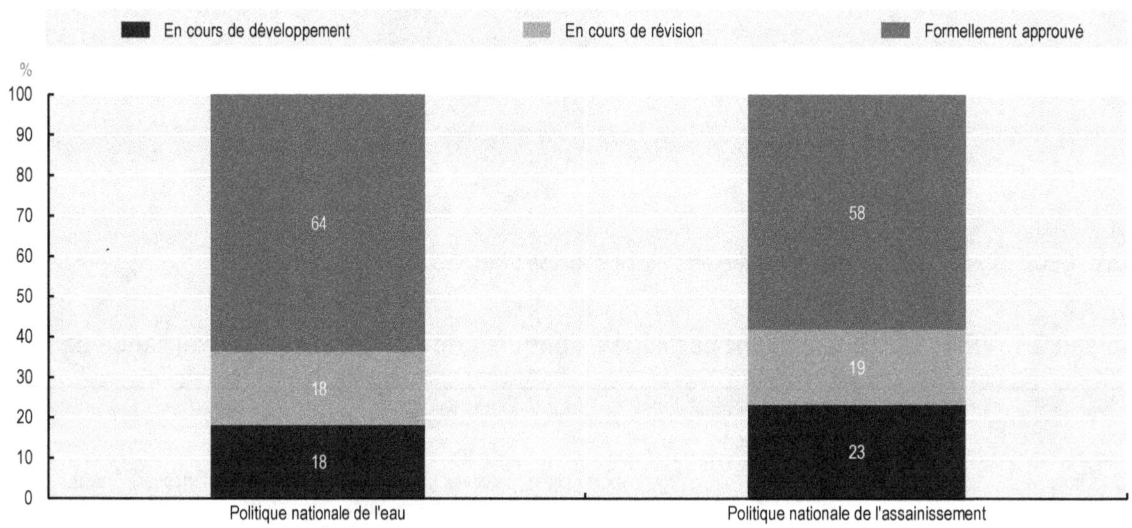

Note : échantillon de 44 pays africains pour la politique nationale de l'eau et 43 pays pour la politique nationale d'assainissement.
Source : UN-Water (2019[2]), *National Systems to Support Drinking-water, Sanitation and Hygiene – Global Status Report 2019* ; UN-Water (2019[3]), *Global Analysis and Assessment of Sanitation and Drinking-Water (GLAAS) 2019 Report.*

Le rapport GLAAS montre également que les plans nationaux sont entièrement ou partiellement mis en œuvre dans 33 pays africains (75%) pour l'eau et dans 27 pays (61%) pour l'assainissement (graphique 2.3). 32 pays africains ont élaboré des estimations des coûts de leurs plans d'eau et 30 pays de leurs plans d'assainissement. Cependant, beaucoup moins de pays ont réalisé une évaluation des ressources humaines pour leurs plans d'eau (18 pays) et d'assainissement (20 pays). En outre, environ la moitié des pays déclarent que les ressources financières et humaines dont ils disposent représentent moins de 50% du montant nécessaire pour mettre en œuvre efficacement les politiques d'eau et d'assainissement. Bien que les deux tiers des pays africains aient élaboré des plans financiers dans les domaines de l'eau (68%) et de l'assainissement (64%), ces plans restent insuffisamment utilisés et mis en œuvre dans la plupart des pays.

Statut de la politique locale de l'eau en Afrique

En plus des politiques nationales de l'eau et de l'assainissement, les villes africaines ont un rôle de leadership plus important dans la résolution des problèmes liés à l'eau au niveau local, en adoptant et en mettant en œuvre des politiques de gestion de l'eau et de l'assainissement. L'enquête de l'OCDE sur la gouvernance de l'eau dans les villes africaines montre qu'environ trois villes sur quatre de l'échantillon de répondants ont également adopté des politiques locales dédiées à l'eau et à l'assainissement comprenant des plans et programmes d'investissement. En comparaison, seule la moitié des villes ont adopté une politique locale de gestion des ressources en eau.

Graphique 2.3. Existence de plans nationaux de mise en œuvre de l'eau et de l'assainissement en Afrique, 2018/2019

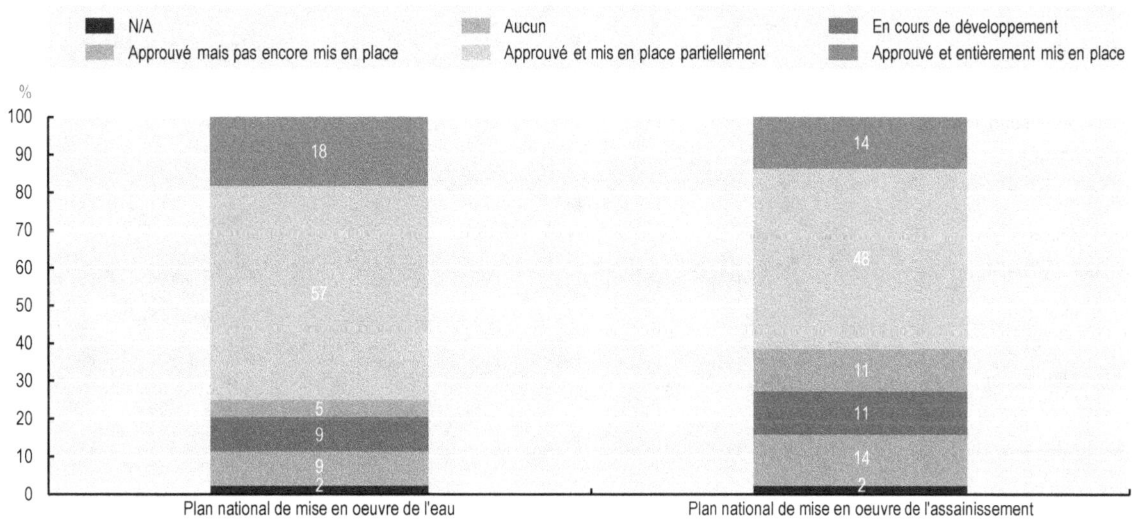

Note : échantillon de 44 pays africains.
Source : OECD (2021[1]), *OECD Survey on Water Governance in African Cities*, OECD, Paris.

En général et là où elles existent, les politiques locales en matière d'eau et d'assainissement ont tendance à indiquer clairement les objectifs à atteindre et les devoirs des institutions de l'eau impliquées. Au contraire, elles n'indiquent pas toujours clairement les ressources nécessaires pour atteindre les objectifs avec comme conséquence l'absence de financement des actions contenues dans ces plans, ce qui entrave leur mise en œuvre (tableau 2.2 et tableau 2.3). En outre, de nombreux gouvernements locaux ne surveillent ni n'évaluent la mise en œuvre des politiques, faute de mettre en place des actions correctives chaque fois que nécessaire, sur la base d'informations solides. Les résultats de l'enquête révèlent des conclusions similaires dans le domaine des politiques locales de gestion des ressources en eau.

80% des villes qui ont adopté une politique locale des ressources en eau ont également développé une politique locale dédiée à l'eau et à l'assainissement. En tant que telles, ces villes ont développé une politique locale globale de l'eau, évitant ainsi une approche en silos, souvent responsable d'une mauvaise planification, d'un manque de cohérence politique et d'un manque d'alignement des incitations. Au sein de l'échantillon de villes enquêtées, six villes déclarent ne pas avoir adopté de politique locale dans le domaine de l'eau et de l'assainissement ni de politique locale des ressources en eau, alors que cinq autres villes n'ont pas fourni de réponse.

Tableau 2.2. Villes africaines dotées d'une politique dédiée à l'eau et à l'assainissement au niveau local

Ville	Politique d'eau et d'assainissement dédiée au niveau de la ville	Objectifs clairs	Responsabilités claires	Ressources requises	Stratégies d'urgence	Suivi régulier
Chefchaouen (Maroc)	Oui	Oui	Oui	Oui	Oui	Oui
Al Hoceima (Maroc)	Oui	Oui	Oui	Oui	Oui	Oui
Bangangté (Cameroun)	Oui	Oui	Oui	Oui	Oui	Oui
Tétouan (Maroc)	Oui	Oui	Oui	Oui	Oui	Oui
Tanger (Maroc)	Oui	Oui	Oui	Oui	Oui	Oui
Nouakchott (Mauritanie)	Oui	Oui	Oui	Oui	Oui	Pas de réponse
Fès (Maroc)	Oui	Oui	Oui	Oui	Oui	Oui
Rabat (Maroc)	Oui	Oui	Oui	Oui	Oui	Oui
Lusaka (Zambie)	Oui	Oui	Oui	Oui	Oui	Oui
Ville du Cap (Afrique du Sud)	Oui	Oui	Oui	Oui	Oui	Oui
Kampala (Ouganda)	Oui	Oui	Oui	Oui	Oui	Oui
Accra (Ghana)	Oui	Oui	Oui	Oui	Oui	Oui
Kanembakaché (Niger)	Oui	Oui	Oui	Oui	Non	Oui
Saint-Louis (Sénégal)	Oui	Oui	Oui	Oui	Non	Non
Thiès (Sénégal)	Oui	Oui	Oui	Oui	Non	Oui
Meknès (Maroc)	Oui	Oui	Oui	Non	Oui	Non
Dionaba (Mauritanie)	Oui	Oui	Non	Non	Non	Non
Vogan (Togo)	Oui	Oui	Non	Non	Non	Non
Bama (Burkina Faso)	Oui	Oui	Pas de réponse	Pas de réponse	Pas de réponse	Pas de réponse
Antananarivo (Madagascar)	Oui	Oui	Pas de réponse	Pas de réponse	Pas de réponse	Pas de réponse
Brazzaville (République du Congo)	Oui	Non	Non	Non	Non	Non
Lomé (Togo)	Oui	Pas de réponse	Pas de réponse	Pas de réponse	Pas de réponse	Pas de réponse
Mbour (Sénégal)	Non	Non	Non	Non	Non	Non
Bobo-Dioulasso (Burkina Faso)	Non	Non	Non	Non	Non	Non
Cocody (Côte d'Ivoire)	Non	Non	Non	Non	Non	Non
Golfe 3 (Togo)	Non	Non	Non	Non	Non	Non
Marrakech (Maroc)	Non	Non	Non	Non	Non	Non
Monrovia (Libéria)	Non	Non	Non	Non	Non	Non
Dakar (Sénégal)	Non	Non	Non	Non	Non	Non
Abidjan (Côte d'Ivoire)	Non	Non	Non	Non	Non	Non
Rosso (Mauritanie)	Pas de réponse	Pas de réponse	Pas de réponse	Pas de réponse	Pas de réponse	Pas de réponse
Banjul (Gambie)	Pas de réponse	Pas de réponse	Pas de réponse	Pas de réponse	Pas de réponse	Pas de réponse
Bangui (République centrafricaine)	Pas de réponse	Pas de réponse	Pas de réponse	Pas de réponse	Pas de réponse	Pas de réponse
Maputo (Mozambique)	Pas de réponse	Pas de réponse	Pas de réponse	Pas de réponse	Pas de réponse	Pas de réponse
Cotonou (Bénin)	Pas de réponse	Pas de réponse	Pas de réponse	Pas de réponse	Pas de réponse	Pas de réponse
Abuja (Nigéria)	Pas de réponse	Pas de réponse	Pas de réponse	Pas de réponse	Pas de réponse	Pas de réponse

Note : 36 villes ayant répondu à la question « Votre ville a-t-elle développé une politique dédiée à l'eau et à l'assainissement au niveau local ? ».

Oui

Non

Pas de réponse

Source : OECD (2021[1]), *OECD Survey on Water Governance in African Cities*, OECD, Paris.

Tableau 2.3. Villes africaines avec une politique dédiée aux ressources en eau au niveau local

Ville	Politique d'eau et d'assainissement dédiée au niveau de la ville	Objectifs clairs	Responsabilités claires	Ressources requises	Aspects de résilience climatique	Suivi régulier
Bobo-Dioulasso (Burkina Faso)	Oui	Oui	Oui	Oui	Oui	Oui
Tétouan (Maroc)	Oui	Oui	Oui	Oui	Oui	Oui
Marrakech (Maroc)	Oui	Oui	Oui	Oui	Oui	Oui
Rabat (Maroc)	Oui	Oui	Oui	Oui	Oui	Oui
Saint-Louis (Sénégal)	Oui	Oui	Oui	Oui	Oui	Non
Fès (Maroc)	Oui	Oui	Oui	Oui	Oui	Non
Tanger (Maroc)	Oui	Oui	Oui	Oui	Non	Oui
Lusaka (Zambie)	Oui	Oui	Oui	Oui	Non	Oui
Meknès (Maroc)	Oui	Oui	Oui	Non	Oui	Non
Cotonou (Bénin)	Oui	Oui	Oui	Non	Oui	Non
Bangangté (Cameroun)	Oui	Oui	Oui	Non	Non	Non
Ville du Cap (Afrique du Sud)	Oui	Oui	Non	Non	Oui	Oui
Nouakchott (Mauritanie)	Oui	Pas de réponse	Pas de réponse	Oui	Oui	Pas de réponse
Bama (Burkina Faso)	Oui	Pas de réponse	Pas de réponse	Pas de réponse	Oui	Pas de réponse
Lomé (Togo)	Oui	Pas de réponse	Pas de réponse	Pas de réponse	Pas de réponse	Pas de réponse
Dionaba (Mauritanie)	Non	Non	Non	Non	Non	Non
Vogan (Togo)	Non	Non	Non	Non	Non	Non
Kanembakaché (Niger)	Non	Non	Non	Non	Non	Non
Al Hoceima (Maroc)	Non	Non	Non	Non	Non	Non
Mbour (Sénégal)	Non	Non	Non	Non	Non	Non
Cocody (Côte d'Ivoire)	Non	Non	Non	Non	Non	Non
Golfe 3 (Togo)	Non	Non	Non	Non	Non	Non
Thiès (Sénégal)	Non	Non	Non	Non	Non	Non
Monrovia (Libéria)	Non	Non	Non	Non	Non	Non
Dakar (Sénégal)	Non	Non	Non	Non	Non	Non
Kampala (Uganda)	Non	Non	Non	Non	Non	Non
Abidjan (Côte d'Ivoire)	Non	Non	Non	Non	Non	Non
Accra (Ghana)	Non	Non	Non	Non	Non	Non
Brazzaville (République du Congo)	Non	Non	Non	Non	Non	Non
Chechaouen (Maroc)	Pas de réponse	Pas de réponse	Pas de réponse	Pas de réponse	Pas de réponse	Pas de réponse
Rosso (Mauritanie)	Pas de réponse	Pas de réponse	Pas de réponse	Pas de réponse	Pas de réponse	Pas de réponse
Banjul (Gambie)	Pas de réponse	Pas de réponse	Pas de réponse	Pas de réponse	Pas de réponse	Pas de réponse
Bangui (République centrafricaine)	Pas de réponse	Pas de réponse	Pas de réponse	Pas de réponse	Pas de réponse	Pas de réponse
Maputo (Mozambique)	Pas de réponse	Pas de réponse	Pas de réponse	Pas de réponse	Pas de réponse	Pas de réponse
Abuja (Nigeria)	Pas de réponse	Pas de réponse	Pas de réponse	Pas de réponse	Pas de réponse	Pas de réponse
Antananarivo (Madagascar)	Pas de réponse	Pas de réponse	Pas de réponse	Pas de réponse	Pas de réponse	Pas de réponse

Note : 36 villes ayant répondu à la question « Votre ville a-t-elle élaboré une politique explicite des ressources en eau au niveau local ? ».
Oui
Non
Pas de réponse
Source : OECD (2021[1]), *OECD Survey on Water Governance in African Cities*, OECD, Paris.

Mesures sociales et favorables aux pauvres dans les politiques de l'eau en Afrique

Des exemples de politiques dédiées à l'eau et à l'assainissement au niveau local comprennent, par exemple, des mesures sociales génériques et des dispositions ciblées en faveur des catégories vulnérables de la population. En effet, la moitié des villes interrogées ont mis en place des mesures pour garantir un volume d'eau minimum pour les besoins de base découlant de politiques nationales ou locales. À titre d'illustration, ce volume s'élève à 7m^3 / habitant au Bénin, 55 l / habitant / jour à Brazzaville (République du Congo), et 10,5m^3 / ménage / mois au Cap (Afrique du Sud). De plus, 79% des villes enquêtées mettent en œuvre des mesures sociales en matière d'accès aux services d'eau et d'assainissement (graphique 2.4). Ces mesures prennent la forme d'un tarif social d'eau ou / et d'assainissement (27%), d'un taux de raccordement social (14%), ou les deux (55%). Au Sénégal, le fournisseur d'eau national SONES a mis en place un programme de raccordement social permettant aux clients à faible revenu d'avoir accès au réseau de fourniture d'eau gratuitement, alors que le coût moyen dépasse 100 000 CFA. À ce jour, plus de 200 000 branchements sociaux ont été installés, ainsi que 1 500 bornes-fontaines.

Graphique 2.4. Tarifs sociaux pour les catégories vulnérables dans les villes africaines étudiées

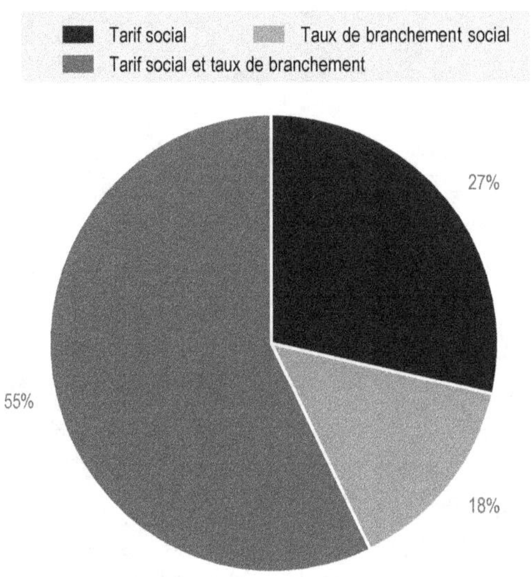

Note : 28 villes ayant répondu à la question « Au niveau de la ville, existe-t-il des mesures sociales pour les catégories vulnérables d'utilisateurs d'eau et / ou d'assainissement ? ».
Source : OECD (2021[1]), *OECD Survey on Water Governance in African Cities*, OECD, Paris.

Le rapport GLAAS indique que la quasi-totalité des pays africains a adopté des politiques et plans nationaux dans le domaine de l'eau et de l'assainissement comprenant des mesures en faveur des populations pauvres. La situation est plus nuancée en ce qui concerne les mesures en matière d'accessibilité financière. 34 pays africains (sur un échantillon de 44) ont mis en place de tels systèmes pour l'approvisionnement en eau, mais seulement la moitié d'entre eux seraient largement utilisés, tandis que sept autres pays n'ont mis en place aucun programme d'accessibilité financière.

En plus des tarifs sociaux ou des frais de raccordement, les villes ont mis en œuvre d'autres mesures au niveau local pour garantir l'accès aux services d'eau et / ou d'assainissement aux groupes vulnérables. Dans 58% des villes étudiées, ces mesures visent la population pauvre ; et dans 42% des cas, elles ciblent la population vivant dans des zones d'habitats informels qui peuvent représenter jusqu'à trois quarts de la population totale de la ville. Dans un tiers des villes, certaines mesures concernent les peuples autochtones et les minorités ethniques, ou les populations handicapées. Les femmes ou les ménages dirigés par des femmes bénéficient de mesures spécifiques dans seulement 14% des villes étudiées. Ce constat pose des questions relatives à la prise en compte du genre et des questions d'inclusion dans l'ensemble puisque dans de nombreux pays, les femmes et les filles sont chargées de la gestion de l'approvisionnement en eau des ménages (encadré 2.2).

L'accès à un approvisionnement en eau salubre et suffisant et à des installations sanitaires améliorées a un impact considérable sur la vie des femmes et des filles. En l'absence d'un tel accès, les femmes et les filles doivent s'acquitter de tâches connexes difficiles et chronophages, excluant ainsi toute autre activité ou participation à l'éducation. Cela expose également les femmes à des risques d'abus et d'attaques lorsqu'elles se rendent à des toilettes ou sites de défécation en plein air et qu'elles l'utilisent, car elles ont des besoins d'hygiène spécifiques pendant la menstruation, la grossesse et l'éducation des enfants.

Encadré 2.2. Accès à l'eau et inégalité de genre

Dans les zones urbaines d'Afrique, plus de la moitié de la population urbaine est contrainte d'utiliser une source d'eau collective, généralement une borne-fontaine, une pompe ou, moins fréquemment, un puits (WHO/UNICEF, 2015[4]). La collecte, l'attente, le transport et le stockage de l'eau est très chronophage. En accord avec les rôles spécifiques au genre socialement construits, le fardeau de la collecte et du stockage de l'eau incombe généralement aux femmes et aux filles. En Afrique subsaharienne, il est estimé que les femmes et les filles passent environ 40 milliards d'heures par an à transporter de l'eau (UNDP, 2006[5]). Par exemple, une étude menée dans les quartiers informels de Ouagadougou (Burkina Faso) montre que les femmes sont responsables de la collecte de l'eau dans 84% des ménages échantillonnés (Dos Santos et Wayack-Pambe, 2016[6]). Cette étude a montré que, concernant l'approvisionnement en eau des ménages, les hommes préféreraient l'utilisation des bornes-fontaines alors que les femmes préfèrent puiser de l'eau dans les puits, en dépit de l'effort physique important nécessaire dans le second cas. La préférence des femmes pour ce type d'approvisionnement s'explique à la fois par des facteurs économiques (l'eau des forages est moins chère que l'eau des bornes-fontaines) et par la distance entre le logement et les bornes-fontaines : les femmes étant moins susceptibles de disposer de moyens de transport motorisés que les hommes, préfèrent les forages souvent moins éloignés des habitations que les bornes-fontaines souvent situées dans les zones formelles. D'autres études sont nécessaires pour documenter systématiquement les relations entre le genre et l'eau dans les foyers des quartiers informels et la façon dont ces dynamiques peuvent renforcer les inégalités d'accès à l'eau.

Source : Dos Santos, S. et al. (2017[7]), « Urban growth and water access in sub-Saharan Africa: Progress, challenges and emerging research directions », *Science of the Total Environment*, Vol. 607-608, Elsevier, pp. 497-508.

Au niveau local, les approches sensibles à la dimension du genre, impliquant les femmes dans les phases de conception, de mise en œuvre et de gestion, se révèlent efficaces pour améliorer la pertinence, la durabilité et la portée des services d'eau et d'assainissement. L'intégration d'une plus grande équité entre les sexes dans les politiques à tous les niveaux sera cruciale pour l'atteinte d'une grande partie des ODD. Un cas illustratif est celui du plateau d'Obudu au Nigéria, où la construction d'une station touristique a exacerbé les pressions et tensions existantes autour des ressources en eau (Majekodunmi, 2006[8]). En conséquence, la Fondation nigériane pour la conservation a mis en œuvre un projet de gestion des bassins hydrographiques en 1999. Les femmes ont été impliquées à toutes les étapes, y compris la conception, la mise en œuvre et le suivi du projet, et ont aussi été élues au comité de gestion. Cela a permis de résoudre un conflit lié à l'eau entre les femmes de la communauté becheve et les bergers peuls, et de réduire les cas de diarrhée de 45%. La réduction considérable du temps nécessaire à la collecte de l'eau a également donné aux femmes plus de temps pour des activités génératrices de revenus telles que l'agriculture, en plus d'augmenter le taux de scolarisation des filles. Le projet « d'approvisionnement en eau et d'assainissement en milieu rural » de la Banque mondiale, mené dans six provinces au Maroc, a réduit le temps dédié par les femmes et les filles à la collecte de l'eau de 50% à 90 (World Bank, 2003[9]). En conséquence, la fréquentation scolaire des filles dans les provinces visées par le projet a augmenté de 20% en quatre ans.

Institutions en charge de l'eau aux niveaux national et local en Afrique

La responsabilité de l'approvisionnement en eau et en assainissement est généralement centralisée en Afrique

Dans une majorité de pays africains, la politique de l'eau est conduite au niveau national par un ministère de tutelle. Un grand nombre de pays africains ont également mis en place des prestataires de services nationaux de l'eau, amplifiant ainsi le rôle du niveau national sur les politiques de l'eau (graphique 2.5). À titre d'illustration, dans 71% des pays ayant répondu à l'enquête de l'OCDE, le niveau national est responsable de la fourniture des services d'eau et d'assainissement sur tout le territoire national. Autre conséquence de ce cadre institutionnel centralisé : le niveau national est également en charge de la plupart des fonctions réglementaires, y compris la fixation des tarifs, la définition et le suivi des normes de qualité, ainsi que la protection et l'engagement des consommateurs. En conséquence, 78% des villes interrogées ont déclaré n'avoir aucun contrôle sur leurs tarifs de l'eau, et les deux tiers ne supervisent aucun plan d'affaires des régies de distribution d'eau.

Graphique 2.5. Niveaux de gouvernement responsables de la fourniture des services d'eau dans certains pays africains

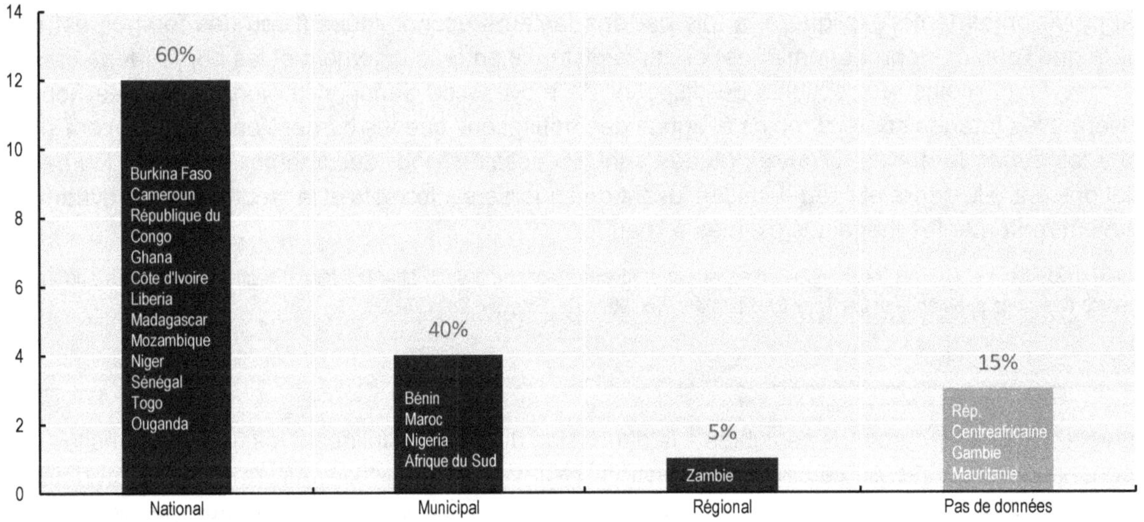

Note : échantillon de 20 pays comprenant les 36 villes étudiées.
Source : élaboration de l'auteur basée sur la World Bank (s.d.[10]), *World Bank Aggregation Toolkit (interactive map)*, https://www.worldbank.org/en/topic/water/publication/water-aggregation-toolkit.

Caractéristiques des régies d'eau et d'assainissement en Afrique

Les résultats de l'enquête de l'OCDE fournissent de plus amples informations sur certaines caractéristiques des régies d'eau et d'assainissement dans les villes d'Afrique :

- Il y a une prédominance d'opérateur unique pour la fourniture de services en eau au niveau de la ville, qu'il s'agisse d'un fournisseur de services municipal ou national (tableau 2.4).

Tableau 2.4. Nombre de prestataires de services d'eau et d'assainissement par ville étudiée

Villes	Nombre de prestataires de services d'eau	Nombre de prestataires de services d'assainissement
Meknès (Maroc)	Un seul fournisseur de services	Un seul fournisseur de services
Al Hoceima (Maroc)	Un seul fournisseur de services	Un seul fournisseur de services
Abidjan (Côte d'Ivoire)	Un seul fournisseur de services	Un seul fournisseur de services
Tanger (Maroc)	Un seul fournisseur de services	Un seul fournisseur de services
Rabat (Maroc)	Un seul fournisseur de services	Un seul fournisseur de services
La Cap (Afrique du Sud)	Un seul fournisseur de services	Un seul fournisseur de services
Lusaka (Zambie)	Un seul fournisseur de services	Un seul fournisseur de services
Antananarivo (Madagascar)	Un seul fournisseur de services	Un seul fournisseur de services
Bangui (République Centrafricaine)	Un seul fournisseur de services	Un seul fournisseur de services
Tétouan (Maroc)	Un seul fournisseur de services	Un seul fournisseur de services
Cocody (Côte d'Ivoire)	Un seul fournisseur de services	Un seul fournisseur de services
Saint-Louis (Sénégal)	Un seul fournisseur de services	Un seul fournisseur de services
Thiès (Sénégal)	Un seul fournisseur de services	Un seul fournisseur de services
Mbour (Sénégal)	Un seul fournisseur de services	Un seul fournisseur de services
Dakar (Sénégal)	Un seul fournisseur de services	Un seul fournisseur de services
Nouakchott (Mauritanie)	Un seul fournisseur de services	Un seul fournisseur de services
Chefchaouen (Maroc)	Un seul fournisseur de services	Un seul fournisseur de services
Bobo-Dioulasso (Burkina Faso)	Un seul fournisseur de services	Un seul fournisseur de services
Bama (Burkina Faso)	Un seul fournisseur de services	Un seul fournisseur de services
Banjul (Gambie)	Un seul fournisseur de services	Un seul fournisseur de services
Vogan (Togo)	Un seul fournisseur de services	Pas de réponse
Kanembakache (Niger)	Un seul fournisseur de services	Pas de réponse
Cotonou (Bénin)	Un seul fournisseur de services	Pas de réponse
Dionaba (Mauritanie)	Un seul fournisseur de services	Pas de réponse
Fès (Maroc)	Plusieurs prestataires de services	Un seul fournisseur de services
Marrakech (Maroc)	Plusieurs prestataires de services	Un seul fournisseur de services
Rosso (Mauritanie)	Plusieurs prestataires de services	Un seul fournisseur de services
Accra (Ghana)	Plusieurs prestataires de services	Plusieurs prestataires de services
Maputo (Mozambique)	Plusieurs prestataires de services	Plusieurs prestataires de services
Bangangté (Cameroun)	Plusieurs prestataires de services	Plusieurs prestataires de services
Lomé (Togo)	Plusieurs prestataires de services	Plusieurs prestataires de services
Golf 3 (Togo)	Plusieurs prestataires de services	Plusieurs prestataires de services
Brazzaville (République du Congo)	Plusieurs prestataires de services	Plusieurs prestataires de services
Kampala (Ouganda)	Pas de réponse	Plusieurs prestataires de services
Monrovia (Libéria)	Pas de réponse	Pas de réponse
Abuja (Nigéria)	Pas de réponse	Pas de réponse

Note : 36 villes ayant répondu à la question « Combien de prestataires de services formels opèrent dans les limites administratives de votre ville ? ».

Un seul fournisseur de services

Plusieurs prestataires de services

Pas de réponse

Source : OECD (2021[1]), *OECD Survey on Water Governance in African Cities*, OECD, Paris.

- Les régies sont exploitées par des opérateurs publics dans les deux tiers des villes étudiées. Les opérateurs privés gèrent des services dans environ un quart des villes interrogées, tandis que dans les autres, les services sont gérés par une combinaison d'opérateurs publics et privés.

Une grande diversité de formes d'accès à l'eau et à l'assainissement dans les villes africaines

- Neuf villes sur 10 déclarent fournir de l'eau principalement via des branchements domestiques et des bornes-fontaines publiques. L'accès à l'eau via des robinets partagés est également répandu dans deux tiers des villes, ainsi que les forages et les puits. En cas de pénurie d'eau, certains fournisseurs d'eau formels ont recours à la livraison de l'eau par camions-citernes ou par de l'eau en bouteille (graphique 2.6).

Graphique 2.6. Formes d'accès à l'eau dans les villes étudiées

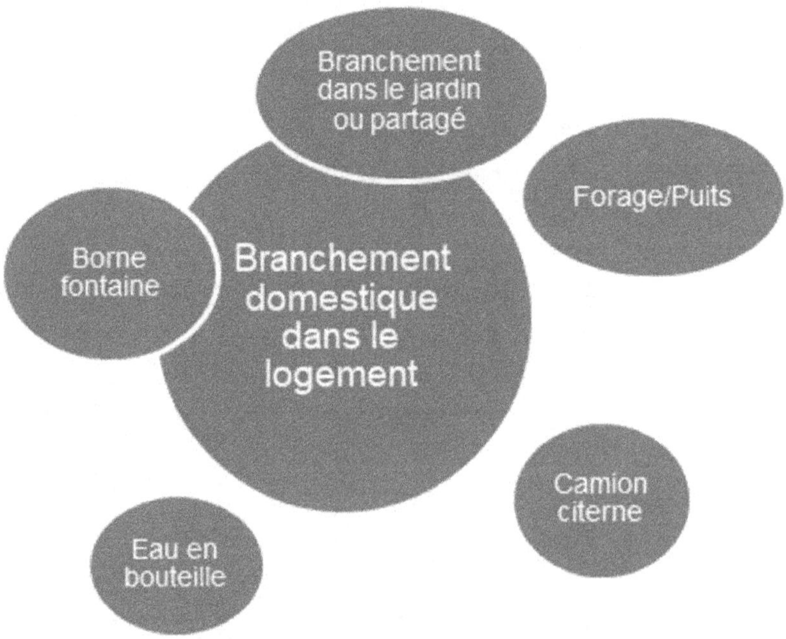

Source : OECD (2021[1]), *OECD Survey on Water Governance in African Cities*, OECD, Paris.

Cette variété de formes d'accès à l'eau illustre la capacité des gouvernements locaux à développer des réponses sur mesure en fonction des besoins locaux. Cela inclut la capacité d'adapter les normes de qualité de service aux besoins locaux et au contexte spécifique des quartiers défavorisés et des zones urbaines vulnérables. Des initiatives telles que des limiteurs de débit, l'utilisation de compteurs d'eau en plastique, des réservoirs souterrains et des niveaux de service d'eau en semi-pression ont été introduites par le service des eaux d'eThekwini en Afrique du Sud (encadré 2.3), afin de fournir de l'eau dans les zones d'habitats informels. Cependant, cette diversité des formes d'accès génère des défis de coordination et de régulation. Par exemple, pendant la crise de l'eau dans la Ville du Cap, de nombreux résidents et entreprises ont développé des sources d'approvisionnement en eau alternatives, y compris le forage de puits privés, en réponse aux sévères restrictions d'eau et aux pénalités tarifaires pour les plus grands consommateurs décidées par la ville. Le statut juridique de ces forages étant mal défini (des directives ont été adoptées en 2018 par le Département national de l'eau et de l'assainissement), ils ont conduit à des prélèvements excessifs, à la revente illégale de l'eau, à une qualité de l'eau insuffisante et à des difficultés à faire enregistrer les forages via le registre en ligne. Les forages non réglementés sont susceptibles de constituer une menace à long terme pour la recharge et la durabilité des plans d'eau souterrains, ainsi que des problèmes de qualité dus à d'éventuels aquifères contaminés en l'absence de zones de protection. De plus, l'utilisation non réglementée des eaux souterraines est en concurrence avec l'utilisation légale octroyée par le biais des licences d'utilisation de l'eau.

Encadré 2.3. Adaptation des standards de qualité à eThekwini, Afrique du Sud

A eThekwini, en Afrique du Sud, les services d'eau de Durban Metro ont expérimenté d'autres normes de service afin de répondre aux besoins des clients des quartiers défavorisés. Des normes de qualité variables ont été proposées aux clients afin qu'ils puissent choisir entre une série d'options présentant des caractéristiques de qualité et de prix différentes. Par exemple, eThekwini Metro Water Services a développé des systèmes d'eau semi-pressurisés avec la fourniture d'un réservoir sur le toit comme alternative à un système pressurisé complet (d'un cout économiquement inabordable). Dans un tel système, l'eau est réticulée à l'aide d'une tuyauterie de petit diamètre, qui est posée le long des principales voies d'accès ou pistes situées dans la zone informelle. A intervalles réguliers, des raccordements sont effectués sur cette réticulation et un collecteur, qui permet à environ 20 maisons de se connecter à la conduite principale, est installé. Chaque consommateur reçoit un réservoir d'eau de 200 litres qui est entretenu par un huissier de justice tous les jours.

Ce système se traduit par un faible niveau d'eau non comptabilisée en raison de la faible pression et de la gestion efficace de la demande des clients. La consommation globale d'eau par un tel système de prestation de services est estimée représenter jusqu'à 50% de moins que celle des systèmes conventionnels pour des communautés de profil similaire.

L'approche fournit néanmoins suffisamment d'eau aux ménages pour maintenir un niveau d'hygiène et de santé de base. Dans les zones où ce système n'a pas pu être installé, des bornes-fontaines/distributeurs d'eau sont fournis pour alimenter les communautés informelles à titre de mesure provisoire. En outre, des sachets d'eau ou de l'eau en citerne sont fournis en cas d'interruption prolongée du service. Enfin, des puits d'eau sont disponibles là où il n'y a pas de réticulation de l'eau.

Source : World Bank (2006[11]), « Taking account of the poor in water sector regulation », *Water Supply & Sanitation Working Notes*, No. 11, World Bank, Washington, DC; eThekwini Municipality (2019[12]), *eThekwini Water and Sanitation Service Level Standards, 13th edition, July 2019/2020.*

Dans trois villes sur quatre, un service d'assainissement formel est fourni par chasse d'eau ou déversoir à eau en direction des égouts canalisés[1], ou vers une canalisation ouverte, principalement dans les quartiers défavorisés. Plus de la moitié des villes offrent également un accès à l'assainissement grâce à une fosse améliorée ventilée, et un tiers à des fosses à ciel ouvert (graphique 2.7).

Graphique 2.7. Formes de prestation de services d'assainissement dans les villes étudiées

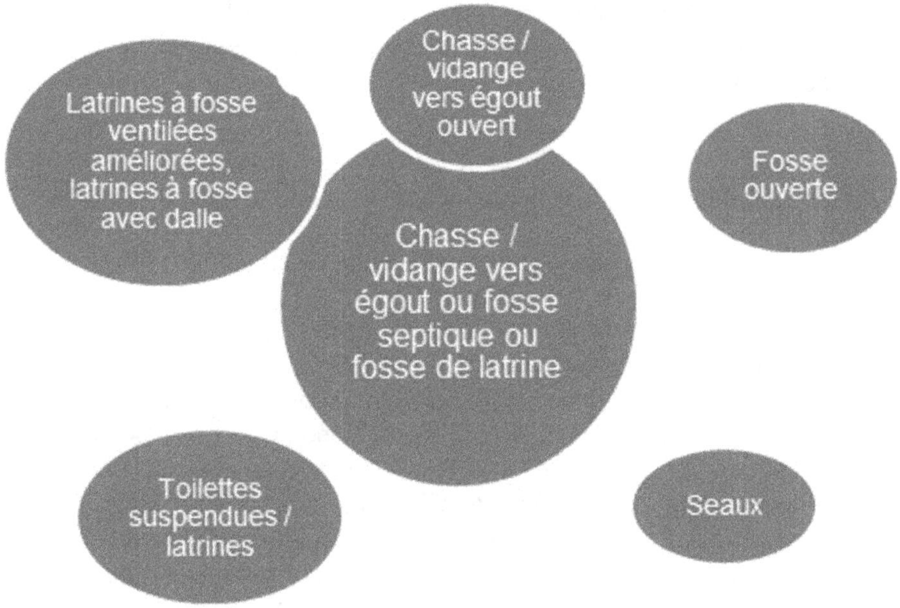

Source : OECD (2021[1]), *OECD Survey on Water Governance in African Cities*, OECD, Paris.

Références

Dos Santos, S. et al. (2017), « Urban growth and water access in sub-Saharan Africa: Progress, challenges, and emerging research directions », *Science of the Total Environment*, vol. 607-608, pp. 497-508. [7]

Dos Santos, S. et M. Wayack-Pambe (2016), « Les Objectifs du Millénaire pour le Développement, l'accès à l'eau et les rapports de genre », *Mondes en développement*, vol. 44, pp. 63-78. [6]

eThekwini Municipality (2019), *eThekwini Water and Sanitation Service Level Standards, 13th Edition, July 2019/2020.* [12]

Majekodunmi, A. (2006), « Using Gender Mainstreaming Processes to Help Protect Drinking », *Office of the Special Adviser on Gender Issues and Advancement of Women, Gender, Water and Sanitation : Case Studies on Best Practices.* [8]

OECD (2021), *OECD Survey on Water Governance in African Cities*, OECD, Paris. [1]

UNDP (2006), *Human Development Report 2006. Beyond Scarcity: Power, Poverty and the Global Water Crisis.* [5]

UN-Water (2019), *Global Analysis and Assessment of Sanitation and Drinking-Water (GLAAS) 2019 Report*, United Nations. [3]

UN-Water (2019), *National Systems to Support Drinking-water, Sanitation and Hygiene – Global Status Report 2019*, United Nations. [2]

WHO/UNICEF (2015), *Progress on Sanitation and Drinking Water: 2015 Update and MDG Assessment*, http://apps.who.int/iris/bitstream/10665/177752/1/9789241509145_eng.pdf. [4]

World Bank (2006), « Taking account of the poor in water sector regulation », *Water Supply & Sanitation Working Notes*, n° 11, World Bank, Washington, DC. [11]

World Bank (2003), *Implementation Completion Report*, No. 25917, World Bank, Washington, DC. [9]

World Bank (s.d.), *World Bank Aggregation Toolkit (interactive map)*, https://www.worldbank.org/en/topic/water/publication/water-aggregation-toolkit. [10]

Note

[1] L'enquête comprenait les catégories d'assainissement suivantes : chasse / vidange en direction de l'égout, en direction de la fosse septique, en direction de la fosse des latrines ou à la vidange ouverte ; latrines à fosse ventilées améliorées, latrines à fosse avec dalle , fosse ouverte ; seaux ; toilettes suspendues / latrines.

3 Défis de la gouvernance de l'eau dans les villes africaines

Ce chapitre analyse les principaux défis en matière de gouvernance des ressources en eau et les services d'eau et d'assainissement dans les pays et les villes du continent africain. Le chapitre utilise les Principes de l'OCDE sur la Gouvernance de l'Eau pour évaluer les questions clés liées à l'inadéquation d'échelle, la cohérence des politiques, les données, le suivi et l'évaluation, le financement, la transparence et l'intégrité, et l'engagement des parties prenantes.

Les *Principes de l'OCDE sur la Gouvernance de l'Eau* visent à améliorer les systèmes de gouvernance de l'eau, permettant une meilleure gestion de l'eau en trop grande ou trop faible quantité, ou une eau de trop mauvaise qualité, et favorisent l'accès universel à l'eau potable et à l'assainissement, de manière durable, intégrée et inclusive, à un coût acceptable et dans un délai raisonnable. Les Principes reconnaissent que la bonne gouvernance est un moyen de mettre fin à la maîtrise de la complexité et de gérer les compromis dans un domaine politique en proie à la fragmentation, au travail en silos, à l'inadéquation d'échelle, aux externalités négatives, aux monopoles et aux investissements à forte intensité capitalistique. Les Principes considèrent que la gouvernance est efficace si elle peut aider à résoudre les principaux défis liés à l'eau, en utilisant une combinaison de processus ascendants et descendants tout en favorisant des relations constructives entre l'État et la société. Elle est considérée comme inefficace si elle génère des coûts de transaction excessifs et ne répond pas aux besoins locaux. Les *Principes de l'OCDE sur la Gouvernance de l'Eau* visent à contribuer à des politiques publiques tangibles et performantes, fondées sur trois dimensions complémentaires de la gouvernance de l'eau (encadré 3.1).

Ce chapitre utilise les 12 *Principes de l'OCDE sur la Gouvernance de l'Eau* pour évaluer certains défis liés à la gouvernance de l'eau et aux services d'eau et d'assainissement dans les villes africaines. Les sections suivantes mettent en lumière les questions liées à l'inadéquation d'échelle, la cohérence des politiques, les données et l'évaluation, le financement, l'intégrité la transparence, et l'engagement des parties prenantes. Les questions liées au Principe 1 sur la distinction des rôles et responsabilités en matière de politique de l'eau ont été couvertes dans le chapitre 2. Le Principe 8 sur les pratiques innovantes de gouvernance de l'eau n'a pas pu être évalué en raison du manque de données disponibles. Le Principe 7 sur les cadres réglementaires n'est pas non plus étudié en raison des cadres réglementaires centralisés dans les pays africains et des prérogatives plutôt limitées au niveau local. Enfin, le Principe 4 relatif à la capacité est couvert de manière transversale dans le cadre des lacunes de gouvernance spécifiques analysées ci-après.

Encadré 3.1. Les Principes de l'OCDE sur la gouvernance de l'eau

Les Principes de l'OCDE sur la Gouvernance de l'Eau visent à contribuer à des politiques publiques tangibles et axées sur les résultats, fondées sur trois dimensions complémentaires et complémentaires de la gouvernance de l'eau (graphique 3.1).

1. L'efficacité se rapporte à la contribution de la gouvernance à la définition d'objectifs et cibles clairs de la politique de l'eau durable à tous les niveaux de gouvernement, à la mise en œuvre de ces objectifs politiques et à la réalisation des cibles attendues.
2. L'efficience se rapporte à la contribution de la gouvernance pour maximiser les avantages d'une gestion durable de l'eau et du bien-être au moindre coût pour la société.
3. La confiance et l'engagement se rapportent à la contribution de la gouvernance au renforcement de la confiance du public et à la garantie de l'inclusion des parties prenantes grâce à la légitimité démocratique et à l'équité pour la société dans son ensemble.

Améliorer l'efficacité de la gouvernance de l'eau

- Principe 1. Attribuer clairement et distinguer les rôles et les responsabilités en matière de conception des politiques de l'eau, mise en œuvre, gestion opérationnelle et réglementation, et encourager la coordination entre les autorités responsables.
- Principe 2. Gérer l'eau à (aux) l'échelle(s) appropriée(s), dans le cadre de systèmes intégrés de gouvernance par bassin afin de refléter les conditions locales, et encourager la coordination entre ces différentes échelles.

- Principe 3. Encourager la cohérence des politiques au travers d'une coordination intersectorielle efficace, en particulier entre les politiques de l'eau et celles de l'environnement, de la santé, de l'énergie, de l'agriculture, de l'industrie, de l'aménagement du territoire et de l'usage des sols.
- Principe 4. Adapter le niveau de capacité des institutions responsables à la complexité des défis de l'eau à relever, et à l'ensemble des compétences requises pour exercer leurs fonctions. Ceci suppose d'améliorer l'efficience de la gouvernance de l'eau.

Graphique 3.1. Vue d'ensemble des Principes de l'OCDE sur la Gouvernance de l'Eau

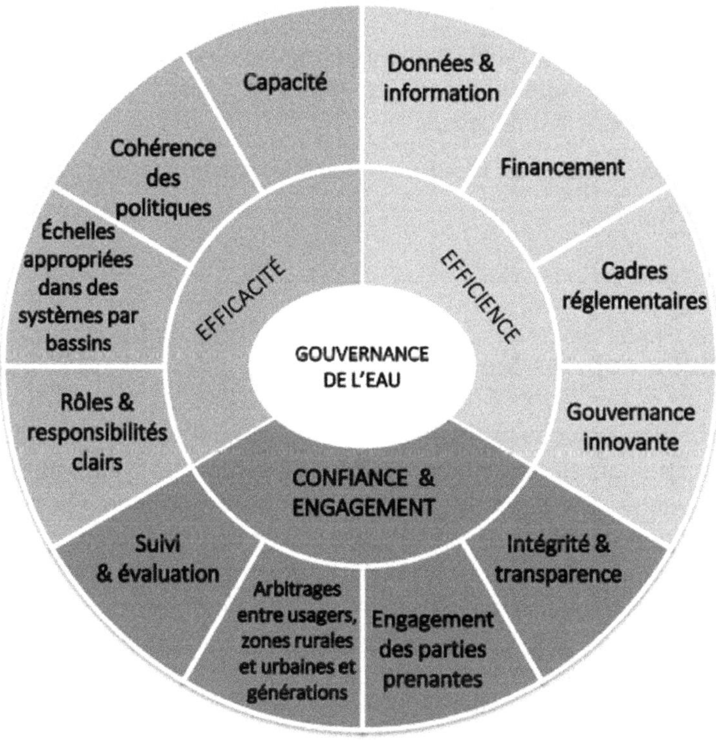

Source : OCDE (2015[1]), *Principes de l'OCDE sur la gouvernance de l'eau*, https://www.oecd.org/cfe/regionaldevelopment/Principes-OCDE-gouvernance-eau_fr.pdf.

Améliorer l'efficience de la gouvernance de l'eau

- Principe 5. Produire, mettre à jour, et partager des données et de l'information sur l'eau et relatives à l'eau ; qui soient opportunes, cohérentes, comparables et utiles ; les utiliser pour guider, évaluer et améliorer les politiques de l'eau.
- Principe 6. Veiller à ce que les cadres de gouvernance permettent de mobiliser les financements pour l'eau, et allouer les ressources financières de manière efficace et transparente dans un délai convenable.
- Principe 7. Veiller à ce que les cadres réglementaires pour la gestion de l'eau soient mis en œuvre et appliqués de façon efficace dans la poursuite de l'intérêt public.
- Principe 8. Promouvoir l'adoption et la mise en œuvre de pratiques de gouvernance de l'eau innovantes entre les autorités responsables, les niveaux de gouvernement et les parties prenantes pertinentes.

Améliorer la confiance et l'engagement dans la gouvernance de l'eau

- Principe 9. Généraliser les pratiques d'intégrité et de transparence dans les politiques de l'eau, au sein des institutions relatives à l'eau et dans les cadres de gouvernance de l'eau pour une plus grande redevabilité et confiance dans les processus décisionnels.
- Principe 10. Promouvoir l'engagement des parties prenantes afin qu'elles contribuent à l'élaboration et à la mise en œuvre des politiques de l'eau de manière éclairée et orientée sur les résultats.
- Principe 11. Promouvoir des cadres de gouvernance de l'eau permettant de gérer les arbitrages entre les usagers de l'eau, les zones rurales et urbaines, et les générations.
- Principe 12. Promouvoir le suivi et l'évaluation régulière des politiques et de la gouvernance de l'eau, lorsque cela est jugé approprié, partager les résultats avec le public et faire des ajustements lorsque cela est nécessaire.

Source : OCDE (2015[1]), *Principes de l'OCDE sur la gouvernance de l'eau*, https://www.oecd.org/cfe/regionaldevelopment/Principes-OCDE-gouvernance-eau_fr.pdf.

Gérer l'eau à l'échelle appropriée

La faible articulation entre les logiques institutionnelles, fonctionnelles et hydrologiques affecte la gestion de l'eau urbaine car les villes sont situées sur des bassins versants, des systèmes hydrologiques délimités, qui ne correspondent pas à des périmètres administratifs. En l'absence de systèmes intégrés de gouvernance de bassin, une telle inadéquation entre les limites hydrologiques et administratives peut avoir des conséquences sur la concurrence en matière d'utilisation de l'eau et d'efficacité de la prestation de services. Afin d'aborder correctement la gouvernance de l'eau, il est nécessaire de considérer la continuité territoriale car l'échelle du bassin relie les communautés en amont et en aval. Dans le cas de l'eau, au-delà des perspectives fonctionnelles et institutionnelles / administratives, le bassin versant, qui suit des logiques hydrologiques, doit être considéré.

La Gestion intégrée des ressources en eau (GIRE) est « un processus qui favorise le développement et la gestion coordonnés de l'eau, des terres et des ressources connexes, afin de maximiser le bien-être économique et social résultant d'une manière équitable sans compromettre la durabilité des écosystèmes vitaux » (Global Water Partnership, 2000[2]). En rassemblant les parties prenantes de divers secteurs et de tous les niveaux de gouvernement, la GIRE favorise le développement et la gestion coordonnés de l'eau, fournissant ainsi un cadre holistique pour relever les défis liés à l'eau. À la base, les cadres de GIRE garantissent que les ressources en eau sont développées, gérées et utilisées de manière équitable, durable et efficiente.

Principe de Gouvernance de l'Eau n°2 de l'OCDE sur les échelles appropriées

Gérer l'eau à (aux) l'échelle(s) appropriée(s), dans le cadre de systèmes intégrés de gouvernance par bassin afin de refléter les conditions locales, et encourager la coordination entre ces différentes échelles. À cette fin, les pratiques et les outils de gestion de l'eau devraient :

- Répondre aux objectifs politiques environnementaux, économiques et sociaux de long terme afin d'utiliser au mieux les ressources en eau, grâce à la prévention des risques et à la gestion intégrée des ressources en eau.
- Encourager une gestion robuste du cycle hydrologique, depuis les prélèvements et la distribution de l'eau douce jusqu'au rejet des effluents et des eaux usées.
- Promouvoir des stratégies d'adaptation et d'atténuation, des programmes d'action et des mesures fondées sur des mandats clairs et cohérents, grâce à des plans de gestion de bassin efficaces et compatibles avec les politiques nationales et les conditions locales.
- Promouvoir la coopération pluri-niveaux de la gestion des ressources en eau entre les usagers, les parties prenantes et les niveaux de gouvernement.
- Améliorer la coopération riveraine concernant l'utilisation des ressources en eau douce transfrontalières.

Source : OCDE (2015[1]), *Principes de l'OCDE sur la gouvernance de l'eau*, https://www.oecd.org/cfe/regionaldevelopment/Principes-OCDE-gouvernance-eau_fr.pdf.

Le rapport de l'ODD 6.5.1 sur la « mise en œuvre de la gestion intégrée des ressources en eau » (GIRE) montre que 42 pays africains (82%) ont adopté des politiques, lois et plans basés sur la GIRE au niveau national, créant ainsi un environnement propice pour soutenir la mise en œuvre de la GIRE. Cependant, au niveau infranational, seuls 45% des pays africains ont approuvé des plans pour leurs bassins ou aquifères. En outre, les progrès sont les plus faibles au niveau du bassin / aquifère lorsque l'on compare les sept éléments de la GIRE relatifs à l'environnement propice (graphique 3.2).

Graphique 3.2. Suivi de la GIRE en Afrique (dimension 1 de l'ODD 6.5.1), 2017

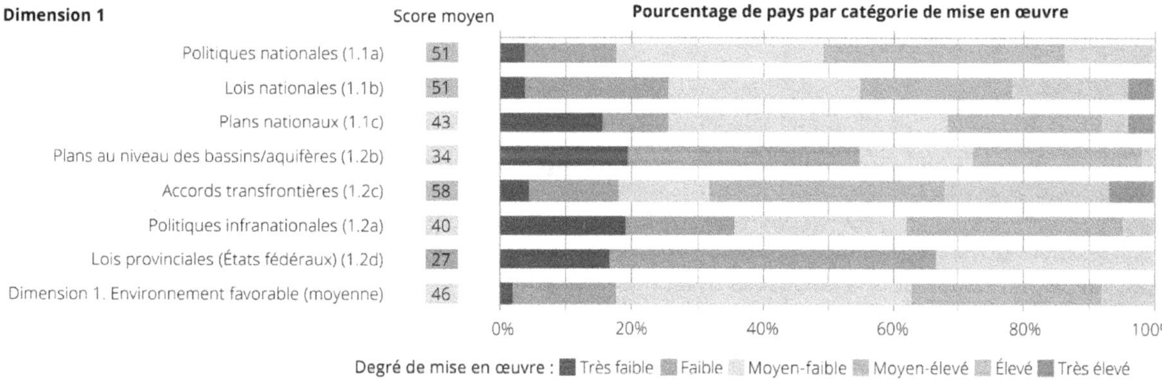

Source : AMCOW (2018[3]), *Status Report on the Implementation of Integrated Water Resources Management in Africa: A Regional Report for SDG Indicator 6.5.1 on IWRM Implementation*.

Bien que certains arrangements institutionnels de GIRE soient en place dans la plupart des pays africains, la mise en œuvre de ces arrangements reste limitée, avec une capacité, une couverture géographique et une participation des parties prenantes généralement faibles. Plus de la moitié des pays africains (53%) ont une mise en œuvre « moyenne-faible » de l'IRWM (AMCOW, 2018[3]). Des variations importantes sont notées entre les pays et les régions d'Afrique ; l'Afrique du Nord et australe ayant des niveaux de mise en œuvre de la GIRE plus élevés que les autres régions africaines.

Le suivi de l'ODD 6.5.1 montre qu'environ 55% des pays africains n'ont pas de plans de bassin ou d'aquifère, ou sont en train de les développer (graphique 3.3). En outre, trop peu de villes et de bassins africains disposent de régimes d'allocation de l'eau qui, avec la participation limitée des gouvernements locaux aux comités de bassin fluvial, peuvent menacer la gestion durable des ressources en eau urbaines.

Graphique 3.3. État des plans de gestion de bassin en Afrique

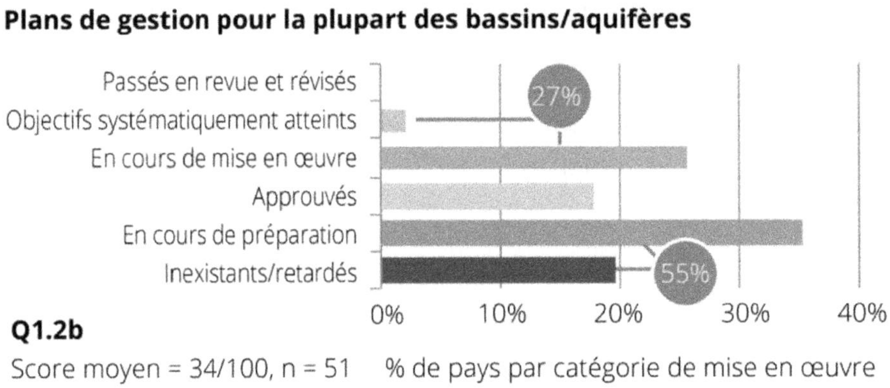

Source : AMCOW (2018[3]), *Status Report on the Implementation of Integrated Water Resources Management in Africa: A Regional Report for SDG Indicator 6.5.1 on IWRM Implementation.*

Enfin, le rapport sur l'ODD 6 pour l'Afrique conclut qu'il est peu probable que 71% des pays atteignent la cible mondiale de l'ODD 6.5.1 d'ici 2030 à moins que les progrès ne soient considérablement accélérés. Pour améliorer la mise en œuvre de la GIRE, les pays africains devraient redoubler d'efforts pour mettre en place et soutenir les institutions des eaux souterraines et des bassins fluviaux suivant les exemples fructueux de la Commission internationale du bassin du Congo-Oubangui-Sangha ou de l'Organisation pour la Valorisation du Fleuve Sénégal (encadré 3.2).

Encadré 3.2. Exemples d'organisations de bassins fluviaux en Afrique

La Commission Internationale du Bassin Congo-Oubangui-Sangha (CICOS)

L'Accord établissant un régime fluvial uniforme et créant la Commission Internationale du Bassin Congo-Oubangui-Sangha (CICOS) et son Addendum, signés respectivement le 21 novembre 1999 et le 22 février 2007, confient à la CICOS deux missions principales :

- La promotion de la navigation intérieure ;
- La gestion intégrée des ressources en eau.

La compétence de la CICOS porte sur l'ensemble du bassin versant du fleuve Congo situé sur les territoires des États membres (République du Congo, République démocratique du Congo, Cameroun, République centrafricaine, Gabon et Angola).

Pour mener à bien ces missions, la CICOS s'est fixé les objectifs suivants :

- Assurer la gestion durable des voies navigables intérieures ;
- Harmoniser la réglementation du transport fluvial pour la sécurité de la navigation et la promotion de l'environnement ;
- Intégrer toutes les utilisations des ressources en eau dans la planification régionale ;
- Optimiser les allocations d'eau ;

- Partager entre les États les bénéfices générés par l'utilisation de l'eau ;
- Soutenir le développement et lutter contre la pauvreté dans la sous-région ;
- Promouvoir la sécurité alimentaire.

L'Organisation pour la Valorisation du Fleuve Sénégal (OMVS)

L'Organisation pour la mise en valeur du fleuve Sénégal (Organisation pour la mise en valeur du fleuve Sénégal) est une organisation regroupant la Guinée, le Mali, la Mauritanie et le Sénégal dans le but de gérer conjointement le fleuve Sénégal et son bassin.

La « Déclaration de Nouakchott » adoptée en 2003 par la 13ème Conférence des chefs d'État et de gouvernement de l'OMVS a redéfini les missions de l'organisation :

- La poursuite et l'exécution des programmes et projets en cours en renforçant leur caractère intégrateur ;
- Innovation méthodologique par la recherche de la durabilité tout en garantissant la cohésion globale ;
- La valorisation des ressources humaines et la modernisation des outils de gestion par une utilisation accrue et une véritable maîtrise des nouvelles technologies de l'information et de la communication.
- La poursuite d'actions de développement durable sur la base du triptyque : croissance économique, progrès social et préservation de l'environnement.

L'OMVS a récemment reçu un score élevé de 91 (pour un score maximum de 100) selon le Quotient de Coopération dans le domaine de l'Eau qui examine la coopération active des pays riverains dans la gestion des ressources en eau à l'aide de 10 paramètres, comprenant des aspects juridiques, politiques, techniques, environnementaux, économiques et institutionnels.

Source : OMVS (s.d.[4]), *Homepage*, https://www.omvs.org/ ; CICOS (s.d.[5]), *Homepage*, https://www.cicos.int/.

L'état d'avancement de la GIRE au niveau national dans les pays africains se reflète au niveau infranational. Les résultats de l'enquête de l'OCDE sur la gouvernance de l'eau dans 36 villes africaines montrent qu'environ deux tiers des villes étudiées ne font partie d'aucun organisme de gestion de bassin et, à ce titre, ne participent pas à la prise de décision en matière de gestion des ressources en eau au niveau des bassins fluviaux. Les organisations de bassins fluviaux sont des outils importants pour coordonner la politique de l'eau au niveau territorial, entre les secteurs, les parties prenantes et entre les niveaux de gouvernement. En effet, ils peuvent être utiles pour gérer l'eau à une échelle appropriée grâce à une gouvernance intégrée des bassins afin de refléter les conditions locales et favoriser la coopération à plusieurs niveaux pour la gestion des ressources en eau ; encourager une gestion rationnelle du cycle hydrologique et promouvoir des stratégies d'adaptation et d'atténuation.

Au-delà de l'organisation des bassins fluviaux, certaines villes interrogées déclarent utiliser d'autres outils ou institutions de coordination pour coordonner la politique de l'eau urbaine entre les niveaux de gouvernement et les parties prenantes. Par exemple, les villes déclarent participer à des plates-formes de coordination entre les autorités locales et les services publics (11%) ou contribuent à un système de coopération intercommunale (36%).

Assurer la cohérence des politiques intersectorielles

Comme de nombreuses décisions affectant la gestion de l'eau urbaine sont prises en dehors du domaine de l'eau et vice-versa (aménagement du territoire, agriculture, énergie, etc.), la coordination est essentielle pour garantir une approche intégrée à tous les niveaux de gouvernement. Cette dernière peut permettre à l'eau de devenir un facteur contribuant à une croissance durable ainsi qu'à un agenda économique, social et environnemental plus large. Au contraire, des objectifs et des rationalités contradictoires compromettent les objectifs à long terme de la politique intégrée des eaux urbaines et de la coordination intersectorielle. Cela peut se produire soit en raison d'intérêts divergents entre les domaines liés à l'eau, soit en raison de la faible coordination verticale et horizontale entre les niveaux de gouvernement.

Principe de gouvernance de l'eau n°3 de l'OCDE sur la cohérence des politiques

Encourager la cohérence des politiques au travers d'une coordination intersectorielle efficace, en particulier entre les politiques de l'eau et celles de l'environnement, de la santé, de l'énergie, de l'agriculture, de l'industrie, de l'aménagement du territoire et de l'usage des sols en :

- Adoptant des mécanismes de coordination pour favoriser des politiques cohérentes entre les ministères, les organismes publics et les niveaux de gouvernement, y compris par la planification intersectorielle ;
- Promouvant une gestion coordonnée de l'utilisation, de la protection et de la dépollution des ressources en eau, en influant les politiques qui affectent la disponibilité de l'eau, la qualité et la demande (par exemple l'agriculture, la sylviculture, l'exploitation minière, l'énergie, la pêche, les transports, les loisirs et la navigation) ainsi qu'en intégrant la prévention des risques ;
- Identifiant, évaluant et examinant les obstacles à la cohérence des politiques qui émanent des pratiques, des politiques et des réglementations au sein du secteur de l'eau et au-delà, notamment par le recours au suivi, au rapportage et aux revues ;
- Mettant en place des incitations et réglementations pour atténuer les conflits entre les stratégies sectorielles, aligner ces stratégies aux besoins de gestion de l'eau, et trouver des solutions adaptées à la gouvernance et aux normes locales.

Source : OCDE (2015[11]), *Principes de l'OCDE sur la gouvernance de l'eau*, https://www.oecd.org/cfe/regionaldevelopment/Principes-OCDE-gouvernance-eau_fr.pdf.

Selon les réponses de l'enquête de l'OCDE, l'utilisation des sols et l'aménagement du territoire sont les politiques sectorielles qui impactent le plus la gestion des eaux urbaines, suivies par la santé publique, les codes du bâtiment et les déchets solides (graphique 3.4). Un tiers des villes étudiées ont mis en place une gamme d'outils de coordination intersectorielle pour favoriser la cohérence des politiques dans ces différents domaines, comprenant une planification ou des programmes conjoints, des partenariats, une plateforme de dialogue, des groupes de coordination ou des contrats.

Dans les sections suivantes, un accent spécifique est mis sur l'influence des politiques liées à l'utilisation des sols et à l'aménagement du territoire, à la santé publique et aux déchets solides sur les politiques liées à l'eau.

Graphique 3.4. Politiques publiques sectorielles ayant le plus d'influence sur la gestion de l'eau en milieu urbain dans les villes étudiées

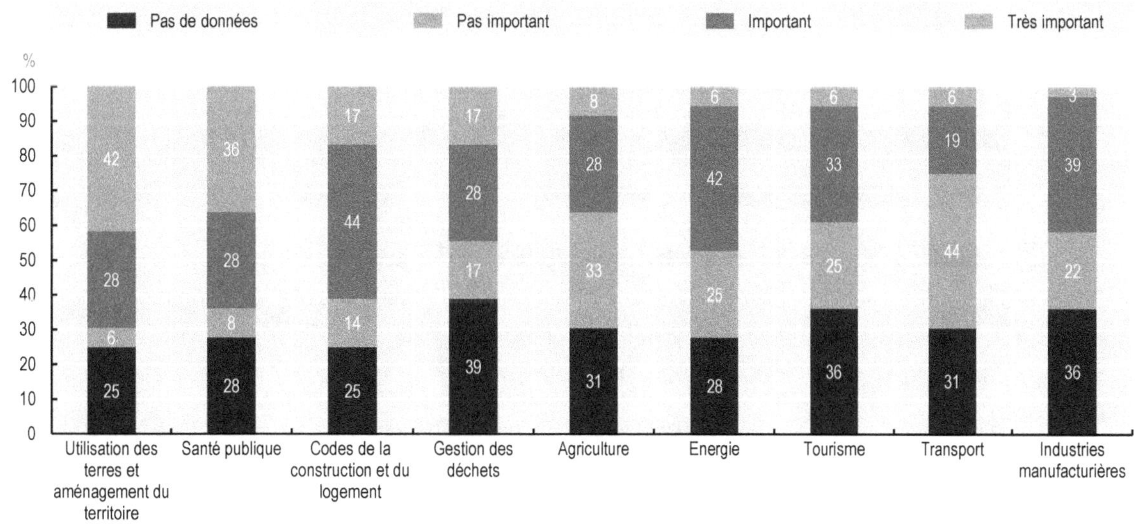

Note : 36 villes ont répondu à la question « Quelle est l'importance de l'influence des domaines politiques suivants sur la gestion de l'eau urbaine dans votre ville ? ».
Source : OECD (2021[6]), *OECD Survey on Water Governance in African Cities*, OECD, Paris.

Utilisation des sols

La politique d'utilisation des sols et la politique de l'eau sont étroitement liées. La modification du paysage affecte la disponibilité, la qualité et la quantité des ressources en eau. Les fonctions des écosystèmes sont fortement altérées lorsque l'utilisation des sols est modifiée. Par exemple, là où les pentes précédemment boisées retenaient les sédiments et l'humidité du sol, la conversion à l'agriculture peut réduire le débit des cours d'eau pendant la saison sèche et générer un ruissellement plus élevé des sédiments, une érosion du sol ou une pollution diffuse. L'Afrique subsaharienne est la région qui a perdu la plus grande part de ses terres forestières (12%) au cours des 25 dernières années.

La conversion des terres en zones bâties et urbanisées affecte également la disponibilité, la quantité et la qualité de l'eau. Les bâtiments, routes, toits, zones pavées et autres surfaces dures empêchent les précipitations de s'infiltrer dans le sol, exacerbant ainsi les risques d'inondations. Les bassins versants urbains des villes africaines sont souvent confrontés à d'importantes pressions d'aménagement du territoire pour l'agriculture ou les établissements urbains (graphique 3.5). La sécurité hydrique peut être menacée lorsque les villes dépendent exclusivement des sources d'eau de surface pour leur approvisionnement en eau, comme dans la Ville du Cap, en Afrique du Sud, par exemple. Cela peut également générer d'importants coûts d'investissement supplémentaires pour sauvegarder ou augmenter les sources d'approvisionnement en eau.

Les changements dans l'utilisation des sols modifient également les espèces et leurs habitats. En Afrique de l'Est, la conversion des paysages naturels en terres cultivées et en pâturage du bétail a entraîné une modification des sols affectant les espèces végétales indigènes, ce qui a entraîné une réduction du nombre et de la diversité de la faune (The Nature Conservancy, 2016[7]). L'urbanisation non planifiée des villes africaines entrave également davantage le développement et la mise en œuvre de politiques cohérentes de conservation de l'environnement et des écosystèmes qui pourraient réduire les risques liés à l'eau.

Graphique 3.5. Utilisation des sols dans une sélection de villes africaines

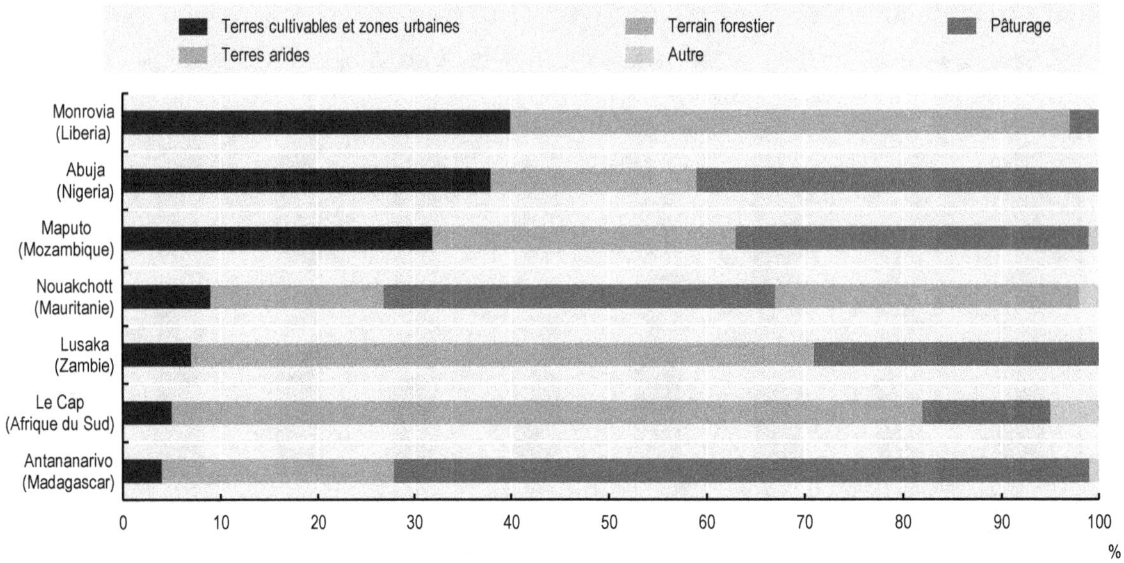

Source : The Nature Conservancy (2016[7]), *Sub-Saharan Africa's Urban Water Blueprint: Securing Water Through Water Funds and Other Investments in Ecological Infrastructure.* The Nature Conservancy, Nairobi.

Reconnaissant l'influence de la politique d'aménagement du territoire sur la politique urbaine de l'eau, certaines villes ont mis en place des outils pour assurer une meilleure cohérence des politiques intersectorielles au niveau local (encadré 3.3). Néanmoins, la plupart des villes africaines sont souvent aux prises avec des systèmes de propriété qui se chevauchent et sont contradictoires, dans lesquels les droits sont souvent flous et les systèmes administratifs fonctionnent mal. En Afrique de l'Ouest, par exemple, seuls 2 à 3% des terres sont détenues avec un titre enregistré par le gouvernement. Dans plusieurs cas, le manque de cohérence entre les politiques sectorielles a entravé la mise en œuvre de mesures sociales pour promouvoir l'accès à l'eau. À Abidjan (Côte d'Ivoire), par exemple, une subvention de 75% a été offerte aux ménages à faible revenu pour leur premier raccordement au réseau public d'eau. Cependant, les ménages devaient fournir un certificat d'habitation ; par conséquent, les pauvres vivant dans des zones urbaines informelles n'étaient généralement pas éligibles pour recevoir cette subvention (Ainuson, 2010[8]). En outre, à travers le continent, les réglementations en matière d'aménagement sont souvent anachroniques, restrictives et irréalisables du point de vue de l'application (Vinay, 2017[9]).

Encadré 3.3. Contribution des taxes d'aménagement du territoire à l'extension du réseau et aux branchements sociaux à Casablanca (Maroc)

Casablanca est caractérisée par une urbanisation rapide ; sa population devrait passer de 3,5 millions à 5 millions d'ici 2030. L'extension du réseau d'eau, la sécurisation de l'accès à la ressource et la protection contre les inondations fréquentes sont de sérieuses préoccupations pour les autorités locales, qui doivent financer ces projets. La ville a défini un nouveau programme d'investissements en 2007 et a engagé la Lydec, filiale de Suez Environnement, pour fournir des services d'eau et d'assainissement (WSS) et atténuer les risques d'inondations. Les revenus des tarifs d'utilisation couvrent les coûts d'exploitation et de maintenance et le renouvellement des actifs existants (représentant 70% du coût total sur la dernière décennie). Un compte dédié (fonds de travaux) couvre les coûts restants (essentiellement l'acquisition de terrains, l'extension du réseau et les branchements sociaux). Alimenté principalement par les contributions des promoteurs immobiliers, il a financé une part croissante de l'investissement total, de 7% en 2004 à 54% en 2014. Les promoteurs immobiliers prennent également en charge les frais de raccordement au réseau et équipements internes. Leur contribution varie en fonction du type de logement (logements sociaux, villas, hôtels et zones industrielles), et ils supportent des coûts supplémentaires pour des aménagements qui ne figurent pas dans le schéma directeur. Les contributions sont annulées lorsque les développements ont lieu dans des quartiers défavorisés et des bidonvilles. Des conditions particulières ont également été fixées pour ajuster la contribution au rythme de l'expansion urbaine et pour maîtriser les grands développements urbains. La contribution est une part du prix du bien à la vente, allant de 0,7% du coût de vente pour les logements sociaux à 1,3% pour les appartements et immeubles de luxe.

Source : OECD (2015[10]), *Water Resources Governance in Brazil*, https://doi.org/10.1787/9789264238121-en.

Santé publique

Les interactions entre la politique de santé publique et la gestion de l'eau en milieu urbain sont également fortes, comme l'a montré la pandémie du COVID-19 (voir Chapitre 1). L'eau contaminée et le mauvais assainissement sont liés à la transmission de maladies telles que le choléra, la diarrhée, la dysenterie, l'hépatite A, la typhoïde et la polio, ainsi que la contamination microbiologique des eaux souterraines et maladies liées à l'eau représentant un défi pour l'Afrique subsaharienne, les groupes à faible revenu et les enfants étant affectés de manière disproportionnée (Howard, Bartram et Schmoll, 2006[11]). Le manque d'accès à l'eau potable, à l'assainissement et aux installations de lavage des mains entraîne la mort de quelque 842 000 personnes chaque année à cause de la diarrhée, dont 361 000 enfants de moins de 5 ans chaque année (OMVS, s.d.[4]). Les déchets fécaux sont la principale source de contamination des eaux souterraines urbaines, en particulier dans les zones comportant des logements densément peuplés avec des installations sanitaires et un traitement médiocre et / ou inadéquat. Les coupures et les pénuries d'eau dans les villes africaines obligent également les ménages à passer temporairement de leur principale source d'approvisionnement en eau à une autre, qu'elle soit améliorée ou non. Cela génère potentiellement des impacts sociaux et sanitaires variables sur les utilisateurs, en fonction du contexte (Dos Santos et al., 2017[12]). Le Kampala Water and Sanitation Forum (KWSF) facilite la coordination des parties prenantes dans le développement d'un secteur WASH intégré afin d'élaborer et de soutenir la stratégie intégrée d'éducation / promotion de l'hygiène à l'échelle de la ville pour améliorer la gestion de la santé publique et de l'environnement à Kampala (encadré 3.4).

Encadré 3.4. Kampala Water and Sanitation Forum (KWSF) : soutenir un secteur WASH intégré

L'objectif général du KWSF est de rationaliser la coordination des parties prenantes pour le développement d'un secteur WASH intégré à travers l'identification des défis, des ressources et des opportunités de synergie et de réseaux d'apprentissage. Le Forum s'appuie sur les innovations existantes et émergentes pour améliorer les interventions durables pour atteindre les objectifs d'assainissement total et d'accès universel à l'eau propre et salubre dans la ville de Kampala. Les objectifs stratégiques de KWSF comprennent :

- Développer un réseau pour les acteurs WASH pour optimiser la coordination de la planification, la mise en œuvre et l'allocation efficace des ressources
- Développer et soutenir une stratégie intégrée d'éducation / promotion de l'hygiène à l'échelle de la ville pour améliorer la santé publique et la gestion de l'environnement
- Identifier et rationaliser les normes pour les technologies appropriées et les directives opérationnelles pour la gestion des boues de vidange

- Fournir un cadre stratégique à l'échelle de la ville pour opérationnaliser et appliquer les directives juridiques relatives à l'assainissement public et domestique
- Soutenir la coordination à l'échelle de la ville du développement, de l'exploitation et de la maintenance des infrastructures WASH
- Améliorer le renforcement des capacités et la gestion des connaissances du secteur WASH de la ville

Source : KCCA (s.d.[13]), *Kampala Water and Sanitation Forum*, https://www.kcca.go.ug/Water%20and%20Sanitation%20Forum.

Gestion des déchets solides

La gestion des déchets solides a également un impact important sur la gestion des eaux urbaines. Avec des taux de collecte inférieurs à 50% dans de nombreuses villes africaines (tableau 3.1), les déchets urbains non gérés augmentent les risques liés à l'eau. En effet, ce faible niveau de service et l'absence commune de directives pour la gestion des décharges sanitaires affectent la qualité de l'eau, générant une pollution par ruissellement dans les rivières et les eaux côtières. L'absence de gestion des déchets conduit également à bloquer les cours d'eau, ce qui aggrave les risques d'inondations et de santé (Vinay, 2017[9]). La situation est particulièrement problématique dans les agglomérations informelles où les ordures s'accumulent le long des allées et des routes, ainsi que dans les gouttières, les égouts et les cours d'eau.

Tableau 3.1. Pourcentage de déchets solides municipaux collectés dans certaines villes africaines

Ville	Couverture de la collecte des déchets solides (%)	Année
Lomé	42	2002
Abidjan	30-40	2002
Dakar	30-40	2003
Nouakchott	20-30	2005
Lusaka	18	2005

Source : Lall, S., J. Henderson and A. Venables (2017[14]), *Africa's Cities: Opening Doors to the World*, World Bank, Washington, DC.

Améliorer les données, le suivi et l'évaluation liés à l'eau

Comprendre les systèmes d'eau qui deviennent de plus en plus complexes dans un environnement en évolution rapide est un défi de taille auquel les gestionnaires de l'eau doivent faire face. La surveillance continue des systèmes et processus hydrauliques apparaît donc cruciale. Comme l'ont déclaré les Nations Unies, « les données sont la pierre angulaire de la prise de décision et la matière première de la responsabilité. Des données de qualité et en temps opportun sont essentielles pour permettre aux gouvernements, aux organisations internationales, à la société civile, au secteur privé et au grand public de prendre des décisions éclairées et de garantir la responsabilité des organes représentatifs » (UN, s.d.[15]). Les données et les analyses liées aux données permettent de comprendre les systèmes hydrauliques complexes dans une perspective holistique. Néanmoins, un nombre croissant d'institutions font face à un écart grandissant entre les réalités émergentes (comme la croissance démographique, le changement climatique et la numérisation rapide) et leurs pratiques et capacités existantes.

Le rapport GLAAS 2019 fournit des informations sur les pratiques de suivi et d'évaluation de l'ODD 6 dans les pays africains. Dans 34% des pays africains (15 pays), les autorités réglementaires ne publient pas de rapports accessibles au public sur la qualité de l'eau de boisson. La proportion est réduite à 16% des pays (7 pays) pour les rapports sur les flux d'eaux usées traitées et les volumes de boues de vidange (graphique 3.6). Dans tous les autres pays, les informations sont partiellement publiées, non publiées ou absentes.

Principe de gouvernance de l'eau de l'OCDE n°5 sur les données et l'information

Produire, mettre à jour et partager des données et informations opportunes, cohérentes, comparables et pertinentes sur l'eau et sur l'eau, et les utiliser pour guider, évaluer et améliorer la politique de l'eau, à travers :

- Définition des exigences pour une production rentable et durable et des méthodes de partage de l'eau de haute qualité et des données et informations relatives à l'eau, par exemple sur l'état des ressources en eau, le financement de l'eau, les besoins environnementaux, les caractéristiques socio-économiques et la cartographie institutionnelle.
- Favoriser une coordination et un partage d'expériences efficaces entre les organisations et les agences produisant des données sur l'eau entre les producteurs et les utilisateurs de données, et entre les niveaux de gouvernement.
- Promouvoir l'engagement des parties prenantes dans la conception et la mise en œuvre des systèmes d'information sur l'eau, et fournir des orientations sur la manière dont ces informations devraient être partagées pour favoriser la transparence, la confiance et la comparabilité (par exemple, banques de données, rapports, cartes, diagrammes, observatoires).
- Encourager la conception de systèmes d'information harmonisés et cohérents à l'échelle du bassin, y compris dans le cas des eaux transfrontières, pour favoriser la confiance mutuelle, la réciprocité et la comparabilité dans le cadre d'accords entre pays riverains.
- Examiner la collecte, l'utilisation, le partage et la diffusion des données pour identifier les chevauchements et les synergies et assurer un suivi des surcharges de données inutiles.

Source : OCDE (2015[1]), *Principes de l'OCDE sur la gouvernance de l'eau*, https://www.oecd.org/cfe/regionaldevelopment/Principes-OCDE-gouvernance-eau_fr.pdf.

Principe de gouvernance de l'eau de l'OCDE n°12 sur le suivi et l'évaluation

Promouvoir un suivi et une évaluation réguliers de la politique et de la gouvernance de l'eau le cas échéant, partager les résultats avec le public et procéder aux ajustements si nécessaire, à travers :

- La promotion d'institutions dédiées au suivi et à l'évaluation dotées de capacités suffisantes, d'un degré d'indépendance et de ressources appropriés ainsi que des instruments nécessaires ;
- Développer des mécanismes fiables de suivi et de compte rendu pour guider efficacement la prise de décision ;
- Évaluer dans quelle mesure la politique de l'eau atteint les résultats escomptés et les cadres de gouvernance de l'eau sont adaptés à l'objectif ; et
- Encourager le partage opportun et transparent des résultats de l'évaluation et adapter les stratégies à mesure que de nouvelles informations deviennent disponibles.

Source : OCDE (2015[1]), *Principes de l'OCDE sur la gouvernance de l'eau*, https://www.oecd.org/cfe/regionaldevelopment/Principes-OCDE-gouvernance-eau_fr.pdf.

Graphique 3.6. Qualité de l'eau potable et flux d'eaux usées traitées et volumes de boues fécales, 2018/2019

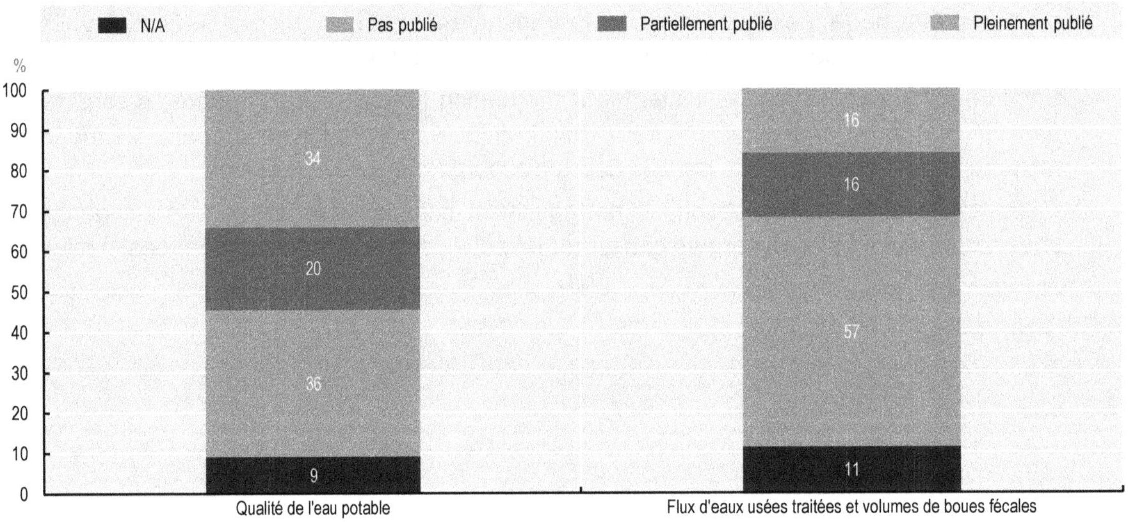

Note : échantillon de 44 pays africains
Source : UN-Water (2019[16]), *Global Analysis and Assessment of Sanitation and Drinking-Water (GLAAS) 2019 Report.*

Les données concernant la fréquence de la surveillance de l'eau potable et de l'assainissement par rapport aux besoins montrent également que beaucoup de progrès restent à faire en Afrique, puisque 27 pays n'assurent pas un suivi de la qualité de l'eau potable en fonction des exigences de fréquence tandis que 11 pays n'ont fixé aucune exigence de fréquence de surveillance. Les données relatives à l'assainissement décrivent une situation similaire avec 20 pays ne remplissant pas les exigences de fréquence de surveillance tandis que 18 pays n'ont fixé aucune exigence de fréquence de surveillance du tout (graphique 3.7). Cette situation est susceptible de générer des problèmes en ce qui concerne l'exactitude, la cohérence et la comparabilité des données, qui peuvent finalement conduire à ne pas être pertinentes pour la formulation de politiques.

Le rapport GLAAS montre des résultats encourageants en ce qui concerne l'utilisation des indicateurs de performance notamment pour la qualité de l'eau. Cependant, beaucoup de progrès sont encore nécessaires pour la qualité des effluents traités et l'assainissement (graphique 3.8).

Graphique 3.7. Fréquence de la surveillance en pratique par rapport aux exigences, 2018/2019

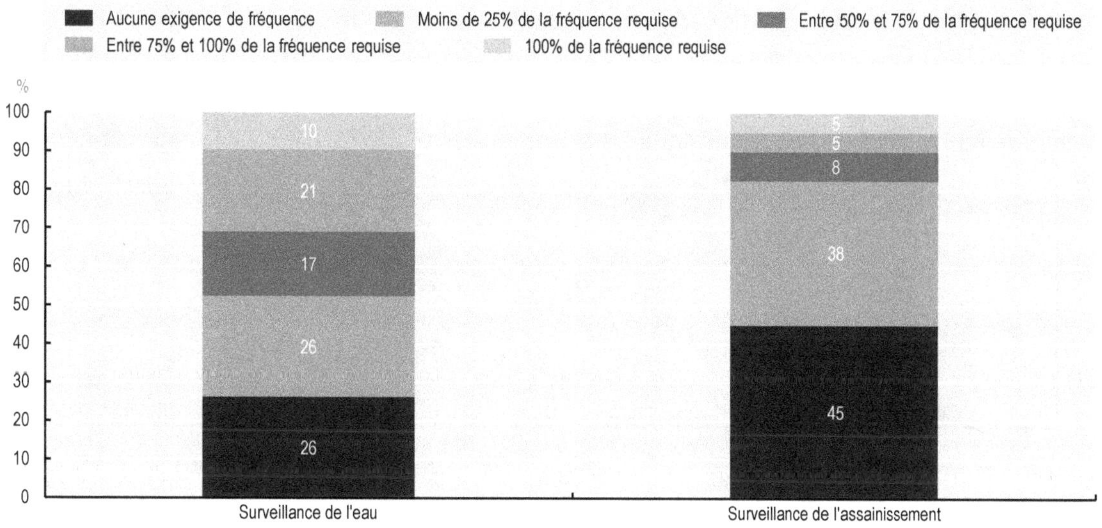

Note : échantillon de 42 pays africains pour la surveillance de l'eau et de 40 pays pour la surveillance de l'assainissement.
Source : UN-Water (2019[16]), *Global Analysis and Assessment of Sanitation and Drinking-Water (GLAAS) 2019 Report.*

Graphique 3.8. Indicateurs sur la performance des services d'eau et d'assainissement dans les pays africains, 2018/2019

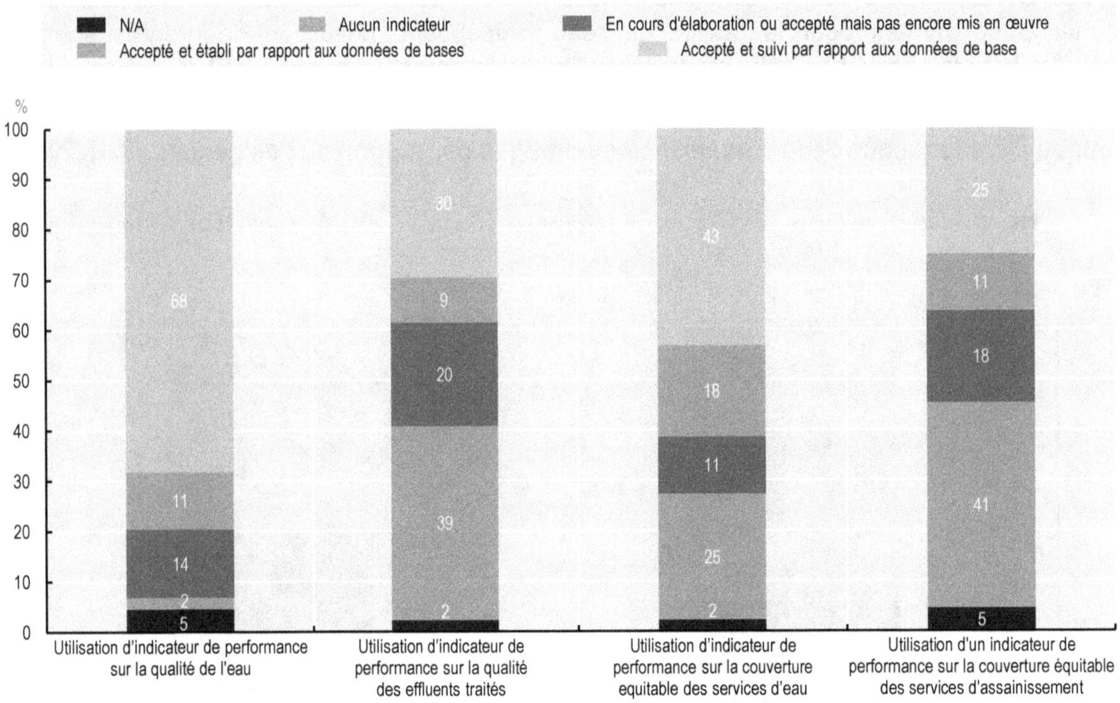

Note : échantillon de 44 pays africains.
Source : UN-Water (2019[16]), *Global Analysis and Assessment of Sanitation and Drinking-Water (GLAAS) 2019 Report.*

Les informations manquantes restent un obstacle majeur à la mise en œuvre efficace de la politique de l'eau dans la plupart des pays africains. Des problèmes de fond avec les données entravent la gestion intégrée des ressources en eau, comme mentionné dans la section 3.1. Ce manque de données et d'informations entrave encore davantage toute évaluation et suivi de la politique de l'eau. L'absence d'examen et d'examen périodiques des politiques de l'eau empêche l'évaluation de l'efficacité des politiques et peut-être la mise en œuvre de mesures correctives lorsque les politiques ne produisent pas les résultats escomptés. Les lacunes en matière de données et d'informations empêchent également les gouvernements de prendre des décisions en matière de politique de l'eau sur la base de preuves mises à jour et fiables.

Au niveau local, l'enquête de l'OCDE sur la Gouvernance de l'Eau dans les Villes Africaines montre une situation contrastée avec des données partielles et incomplètes sur l'eau et des informations disponibles dans la moitié des villes étudiées. Dans l'autre moitié des villes étudiées, des indicateurs de performance WSS sont couramment utilisés. Pour WSS, ces données concernent principalement la qualité de l'eau et des eaux usées, ainsi que les coûts liés à la prestation de services (graphique 3.9). En République centrafricaine, par exemple, la ville de Bangui a accès aux données produites dans le cadre de l'Enquête nationale sur le profil des communes (World Bank, 2017[17]).

Graphique 3.9. Disponibilité des données locales sur les services d'eau et d'assainissement dans les villes étudiées

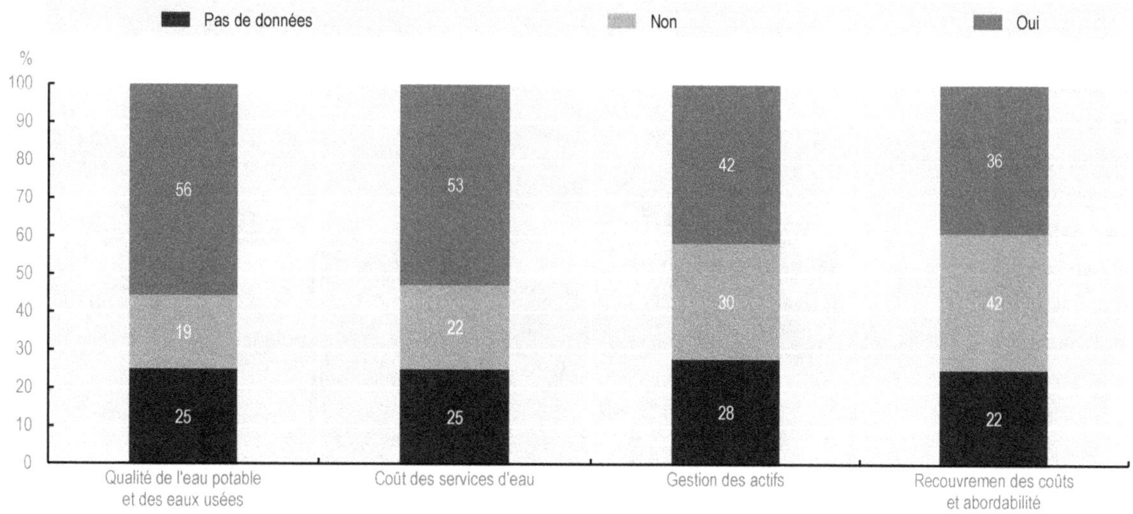

Note : 36 villes ayant répondu à la question « Les données suivantes sur les services d'eau et d'assainissement de la ville sont-elles disponibles dans votre ville ? ».
Source : OECD (2021[6]), *OECD Survey on Water Governance in African Cities*, OECD, Paris.

Ces résultats (Tableau 3.2) soulignent que la plupart des villes étudiées disposent de certaines données (davantage sur la qualité de l'eau et des eaux usées que sur le recouvrement des coûts et l'accessibilité, par exemple) qui peuvent être utilisées pour guider leur prise de décision en matière de politique urbaine de WSS En outre, dans 61% des villes étudiées, les régies d'eau et d'assainissement utilisent des indicateurs de performance pour surveiller la qualité et la performance de la fourniture de services WSS. Ces informations sont généralement publiées chaque année dans des rapports accessibles au public (tableau 3.3 et tableau 3.4).

Tableau 3.2. Données sur l'eau et l'assainissement dans les villes étudiées

Villes	Qualité de l'eau potable et des eaux usées	Coût des services d'eau	Recouvrement des coûts et abordabilité	Gestion des actifs	Utilisation d'indicateurs de performance
Abidjan (Côte d'Ivoire)					
Fès (Maroc)					
Al Hoceima (Maroc)					
Kampala (Ouganda)					
Brazzaville (République du Congo)					
Rabat (Maroc)					
Bobo-Dioulasso (Burkina Faso)					
Chefchaouen (Maroc)					
Rosso (Mauritanie)					
Vogan (Togo)					
Meknès (Maroc)					
Tanger (Maroc)					
Lusaka (Zambie)					
Tétouan (Maroc)					

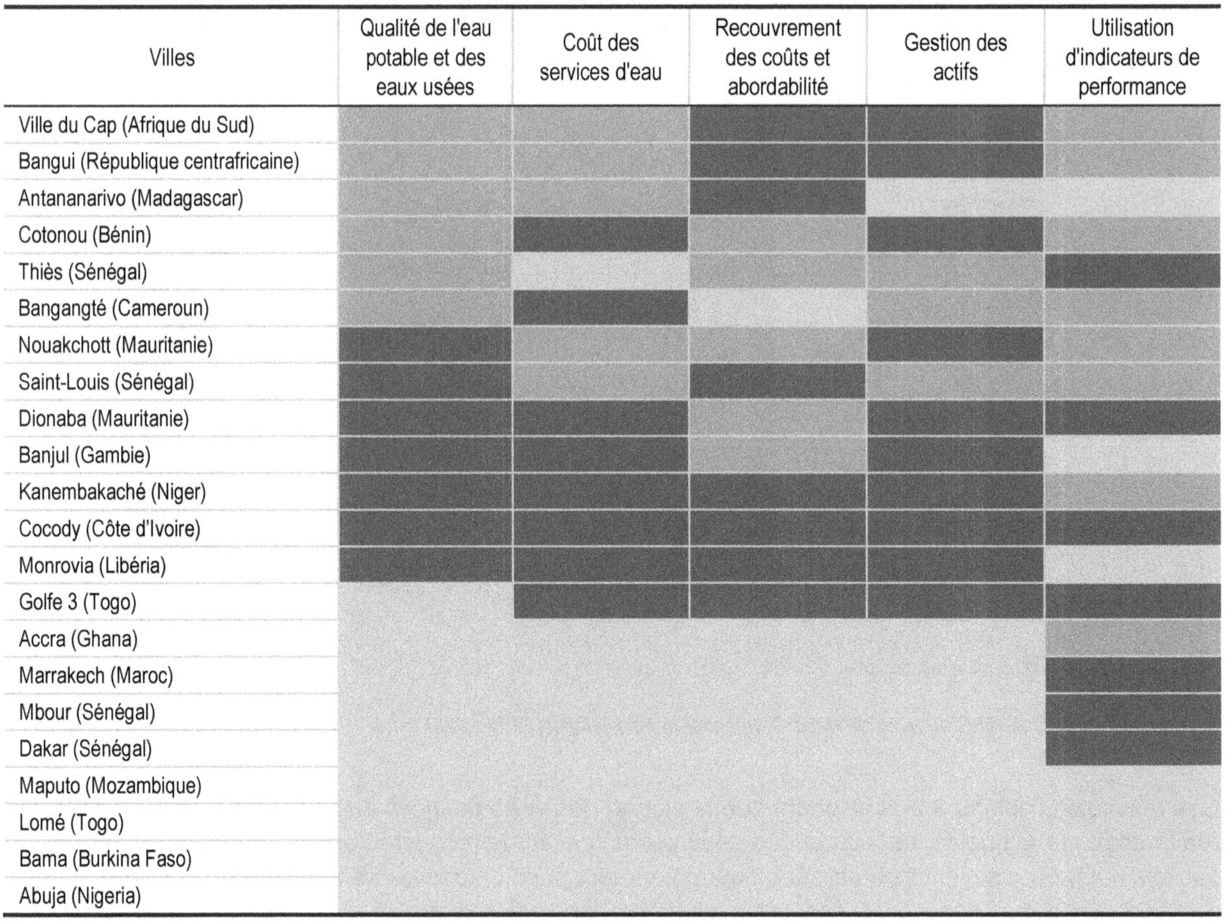

Note : 36 villes ayant répondu à la question « Les données suivantes sur les services d'eau et d'assainissement de la ville sont-elles disponibles dans votre ville ? ».

Oui

Non

Pas de réponse

Source : OECD (2021[6]), *OECD Survey on Water Governance in African Cities*, OECD, Paris.

Tableau 3.3. Utilisation d'indicateurs de performance pour surveiller la qualité du service à Lusaka (Zambie)

Indicateur de service	Indicateur principal	Niveau de service
Couverture de la zone de service	% de la population desservie en eau potable	88%
Qualité de l'eau potable	a. Nombre de tests effectués (bactériologique et résidu de chlore)	Selon la directive de qualité de l'eau du NWASCO
	b. % de résultats répondant à la norme	95%
Heures de service	a. Durée moyenne quotidienne de l'approvisionnement en eau au raccordement	22 heures
	b. Durée quotidienne moyenne d'approvisionnement en eau au réseau public de distribution	12 heures
	c. Heures de bureau et point de paiement par semaine	40 heures
Facturation des services	a. Fréquence de facturation des clients	Une fois par mois
	b. Fréquence de relevé de compteur client	Une fois par mois
	c. Délai de paiement après livraison de facture	Deux semaines

	d. Pourcentage de comptage	75%
Contact client	a. Temps de réponse aux plaintes écrites	5 jours ouvrés
	b. Temps de réponse pour nouveau raccordement	10 jours ouvrés
	c. Temps de réponse pour demande d'installation de compteur	10 jours ouvrés
	d. Temps de réponse pour le test de compteur	10 jours ouvrés
	e. Temps d'attente de paiement de facture ou de dépose de plainte	15 minutes
	f. Temps d'attente client au téléphone	5 minutes
Coupures de service d'approvisionnement en eau et blocage des égouts	*Eau* a. Pourcentage de propriétés raccordées sujettes à des coupures non annoncées de 20 à 36 heures	< 15%
	b. 36 à 48 heures	< 5%
	c. Plus de 48 heures	< 3%
	Egouts d. Pourcentage de propriétés raccordées sujettes à des blocages non annoncées de 20 à 36 heures	< 10%
	e. 36 à 48 heures	< 8%
	f. Plus de 48 heures	< 3%
Pression dans le réseau pour l'approvisionnement en eau	Raccordement avec débit de moins de 7 litres/minute	< 5% de connexions dans une zone de service particulière
Déconnexions injustifiées	Pourcentage de connexions sujettes à des déconnexions injustifiées en un an	< 0.2%
Inondations d'égouts	Pourcentages de connexions sujettes à des inondations d'égouts	< 0.3%
Qualité de l'eau rejetée	a. Numéro de tests effectués (bactériologiques et chimiques)	Selon conditions de licence ZEMA
	b. Pourcentage de résultats conformes à la norme ZEMA	40% bactériologique et 60% chimique

Source : Lusaka Water and Sewerage Company (2015[18]), *Service Level Guarantee 2015-2018*.

Tableau 3.4. Suivi des performances de la Société nationale des eaux et des égouts, Ouganda

Catégorie	Année fiscale 2018/19	Année fiscale 2017/18
Soutenabilité économique		
Chiffre d'affaires (en milliers UGX)	442 000 000	388 000 000
Dépenses d'exploitation (en milliers UGX)	346 000 000	296 000 000
Résultat opérationnel (en milliers UGX)	96 000 000	92 000 000
Investissements (en milliers UGX)	302 000 000	258 000 000
Base d'actifs (en milliers UGX)	3 100 000 000	1 700 000 000
Nombre de villes	253	236
Soutenabilité environnementale et écologique		
Nombre de villes utilisant des pompes solaires	25	22
Nombre de villes pratiquant l'électrolyse au lieu de la chloration	25	25
Volume d'eau d'égout traitée et déchargée (millions de litres)	100	95
Dépenses en énergie (en milliards UGX)	66	57

Soutenabilité sociale		
Nombre de clients résidentiels	535 532	479 729
Nombre de clients commerciaux/industriels	88 340	78 761
Nombre de clients institutionnels/gouvernementaux	17 368	17 368
Nombre de clients de points d'eaux publics	17 186	13 728
Nombre total de clients servis	659 157	587 863
Réseau d'approvisionnement en eau (km)	2 727	2 171
Réseau d'égouts (km)	59	24
Nombre de plaintes client reçues	166 698	147 708
Nombre de plaintes client traitées	163 557	138 567
Taux de résolution des plaintes (%)	98	94
Nombre de personnes employées	3 778	3 443
Dépense en personnel (en milliers UGX)	137 265 190	112 000 000
Nouveaux raccordements au réseau d'approvisionnement en eau	69 215	50 341
Nouveaux raccordements au réseau d'égouts	368	272
Responsabilité sociale d'entreprise		
Dons (en milliers UGX)	914 000	1 300 000
Nombre de bénéficiaires des dons	5 000 000	3 000 000
Taxes payées (en milliers UGX)	40 000 000	38 000 000
Soutenabilité de ressources humaines		
Personnel recruté	355	310
Nombre d'employés sur 55 ans	119	117
Personnel total (+ Conseil)	3 778	3 443
Composition hommes/femmes (personnel + Conseil)	Femmes 30 Hommes 70	Femmes 29 Hommes 71
Dépenses en récompenses de longévité (en milliers UGX)	57 000	120 000
Dépenses en recherche et formation (en milliers UGX)	750 000	700 000
Nombre de stagiaires formés	1 700	1 500

Source : NWSC (2019[19]), *Integrated Annual Report 2018/2019*, National Water and Sewerage Corporation.

En ce qui concerne la gestion des ressources en eau, la moitié des villes étudiées produisent ou ont accès à des données sur les prélèvements d'eau, les catastrophes liées à l'eau et les informations météorologiques au niveau des villes (graphique 3.10).

Graphique 3.10. Données locales disponibles sur la gestion des risques liés à l'eau dans les villes africaines étudiées

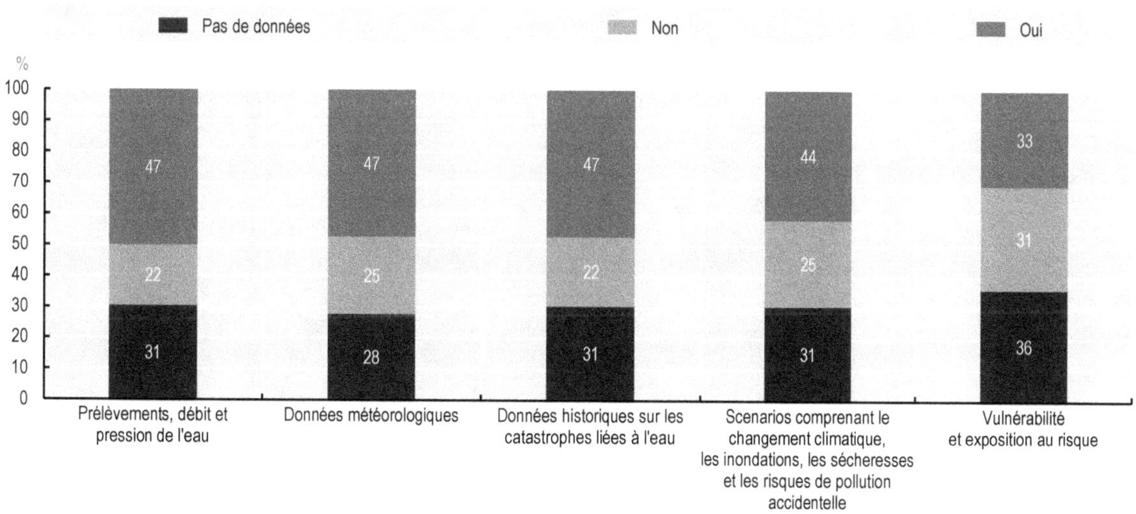

Note : 36 villes ayant répondu à la question « Les données suivantes sur la gestion des risques sont-elles disponibles au niveau local pour votre ville ?».
Source : OECD (2021[6]), *OECD Survey on Water Governance in African Cities*, OECD, Paris.

Tableau 3.5. Données sur la gestion des risques liés à l'eau dans les villes étudiées

Villes	Prélèvements d'eau	Données météorologiques	Données historiques sur les catastrophes liées à l'eau	Scenarios avec référence au changement climatique, aux inondations, sécheresses et risques de pollution	Vulnérabilité et exposition au risque
Kanembakaché (Niger)					
Tanger (Maroc)					
Rabat (Maroc)					
Marrakech (Maroc)					
Lusaka (Zambie)					
Cotonou (Bénin)					
Tetouan (Maroc)					
Saint-Louis (Sénégal)					
Thiès (Sénégal)					
Ville du Cap (Afrique du Sud)					
Chefchaouen (Maroc)					
Abidjan (Côte d'Ivoire)					
Fès (Maroc)					
Golfe 3 (Togo)					
Brazzaville (République du Congo)					
Bangangté (Cameroun)					
Kampala (Ouganda)					

Villes	Prélèvements d'eau	Données météorologiques	Données historiques sur les catastrophes liées à l'eau	Scenarios avec référence au changement climatique, aux inondations, sécheresses et risques de pollution	Vulnérabilité et exposition au risque
Nouakchott (Mauritanie)	Oui	Non	Non	Non	Non
Bangui (République centrafricaine)	Pas de réponse	Oui	Pas de réponse	Oui	Pas de réponse
Vogan (Togo)	Non	Oui	Non	Non	Non
Banjul (Gambie)	Non	Non	Non	Oui	Non
Antananarivo (Madagascar)	Pas de réponse	Pas de réponse	Pas de réponse	Oui	Pas de réponse
Meknès (Maroc)	Non	Non	Non	Non	Non
Al Hoceima (Maroc)	Non	Non	Non	Non	Pas de réponse
Monrovia (Libéria)	Non	Non	Non	Non	Non
Cocody (Côte d'Ivoire)	Non	Non	Non	Non	Non
Dionaba (Mauritanie)	Non	Non	Non	Non	Non
Accra (Ghana)	Pas de réponse	Pas de réponse	Pas de réponse	Pas de réponse	Pas de réponse
Maputo (Mozambique)	Pas de réponse	Pas de réponse	Pas de réponse	Pas de réponse	Pas de réponse
Lomé (Togo)	Pas de réponse	Pas de réponse	Pas de réponse	Pas de réponse	Pas de réponse
Mbour (Sénégal)	Pas de réponse	Pas de réponse	Pas de réponse	Pas de réponse	Pas de réponse
Dakar (Sénégal)	Pas de réponse	Pas de réponse	Pas de réponse	Pas de réponse	Pas de réponse
Bobo-Dioulasso (Burkina Faso)	Pas de réponse	Pas de réponse	Pas de réponse	Pas de réponse	Pas de réponse
Bama (Burkina Faso)	Pas de réponse	Pas de réponse	Pas de réponse	Pas de réponse	Pas de réponse
Rosso (Mauritanie)	Pas de réponse	Pas de réponse	Pas de réponse	Pas de réponse	Pas de réponse
Abuja (Nigéria)	Pas de réponse	Pas de réponse	Pas de réponse	Pas de réponse	Pas de réponse

Note : 36 villes ayant répondu à la question « Les données suivantes sur la gestion des risques sont-elles disponibles au niveau local pour votre ville ? ».
Oui
Non
Pas de réponse
Source : OECD (2021[6]), *OECD Survey on Water Governance in African Cities*, OECD, Paris.

Dans un tiers des villes africaines étudiées, des données clés sur la gestion des ressources en eau sont produites régulièrement au niveau des villes (tableau 3.5). Lorsque ces données existent, elles font souvent partie d'un système d'information harmonisé, intégré, normalisé et coordonné à travers le pays. Cependant, l'enquête montre que ces données ne sont pas fréquemment disponibles publiquement et communiquées aux utilisateurs (seulement 1 fois sur 4). En outre, les informations manquantes et fragmentaires provenant de données incomplètes, obsolètes et / ou fragmentées restent un obstacle majeur à la mise en œuvre, à l'évaluation et au suivi efficaces des politiques de l'eau dans la plupart des villes étudiées.

Combler le déficit de financement

Selon le suivi de l'ODD 6, 27% de la population subsaharienne utilise un service d'eau potable géré en toute sécurité et 18% un service d'assainissement géré en toute sécurité (UN-Water, 2017[20]). Dans les zones urbaines sub-sahariennes, cette proportion atteint 50% pour l'eau et 20% pour l'assainissement. Par conséquent, des efforts d'investissements considérables sont encore nécessaires pour atteindre les cibles des ODD 6.1.1 et 6.2.1 d'ici 2030. En outre, parmi les 25 pays africains qui font rapport dans le rapport GLAAS 2019 sur les systèmes nationaux d'appui à l'eau potable, à l'assainissement et à l'hygiène, 20 ont déclaré que les financements alloués aux améliorations de l'assainissement correspondent à moins de 50% de ce qui est réellement nécessaire pour atteindre les objectifs nationaux (UN-Water, 2019[16]).

Le Conseil de l'OCDE (OECD, 2016[21]) recommande de mettre en place des mesures de financement durable des services d'eau, des infrastructures hydrauliques, de la gestion des ressources en eau et de la protection des écosystèmes liés à l'eau en :

1. Considérant les quatre principes suivants pour le financement de la gestion des ressources en eau : le Pollueur-payeur, le Bénéficiaire paie, l'Équité, et la Cohérence entre les politiques qui affectent les ressources en eau.
2. Visant les meilleurs rendements sociaux de l'investissement, par exemple en :
   - Explorant les options qui peuvent minimiser les besoins de financement actuels ou futurs tout en abordant les compromis et en exploitant les synergies entre les objectifs politiques et entre les défis à court et à long terme ;
   - Faisant le point sur les actifs existants, en les entretenant, et en recherchant des gains d'efficacité ;
   - Élaborant des plans financiers stratégiques qui correspondent aux ressources financières et aux objectifs politiques et garantissent l'accessibilité des segments vulnérables de la société, notamment par le biais de mesures ciblées ad hoc ; et
   - Mettant place un examen indépendant de l'efficience et de la rentabilité des investissements.
3. Envisageant de diversifier les flux de revenus et d'exploiter de nouvelles sources de capitaux, le cas échéant et conformément aux objectifs de la politique. Une première étape pourrait être de combiner les revenus des Tarifs de l'eau, les Transferts des budgets publics et les Transferts de la communauté internationale (c'est-à-dire les 3T) pour recouvrer les coûts d'investissement, d'exploitation et d'entretien des infrastructures hydrauliques autant que possible et lorsque cela est efficient.

Principe de gouvernance de l'eau de l'OCDE n°6 sur le lien entre gouvernance et financement

Veiller à ce que les dispositifs de gouvernance aident à mobiliser le financement de l'eau et à allouer les ressources financières de manière efficace, transparente et opportune, en :

- Assurant la promotion de dispositifs de gouvernance qui aident les institutions de l'eau à tous les niveaux de gouvernement à générer les revenus nécessaires pour remplir leurs mandats, en s'appuyant par exemple sur des principes tels que les principes pollueur-payeur et utilisateur-payeur, ainsi que le paiement des services environnementaux.
- Réalisant des examens sectoriels et une planification financière stratégique pour évaluer les investissements et les besoins opérationnels à court, moyen et long terme et prendre des mesures pour aider à assurer la disponibilité et la durabilité de ces financements.
- Adoptant des pratiques saines et transparentes de budgétisation et de comptabilité qui fournissent une image claire des activités liées à l'eau et de tout passif éventuel associé, y compris les investissements dans les infrastructures, et aligner les plans stratégiques pluriannuels sur les budgets annuels et les priorités à moyen terme des gouvernements.

- Adoptant des mécanismes qui favorisent l'allocation efficace et transparente des fonds publics liés à l'eau (par exemple par le biais de contrats sociaux, de tableaux de bord et d'audits).
- Minimisant les charges administratives inutiles liées aux dépenses publiques tout en préservant les sauvegardes fiduciaires et fiscales.

Source : OCDE (2015[1]), *Principes de l'OCDE sur la gouvernance de l'eau*, https://www.oecd.org/cfe/regionaldevelopment/Principes-OCDE-gouvernance-eau_fr.pdf.

L'OCDE établit une distinction entre les trois sources ultimes de financement des investissements liés à l'eau (revenus des tarifs, taxes et transferts de la communauté internationale;) et les autres sources de financement remboursable (prêts, obligations, etc.) (graphique 3.11). Les taxes et tarifs sont très importants non seulement pour augmenter les recettes, mais aussi pour gérer la demande et signaler la valeur de l'eau, des services d'eau et de la sécurité hydrique.

Graphique 3.11. Sources potentielles de financement et de financement des investissements liés à l'eau

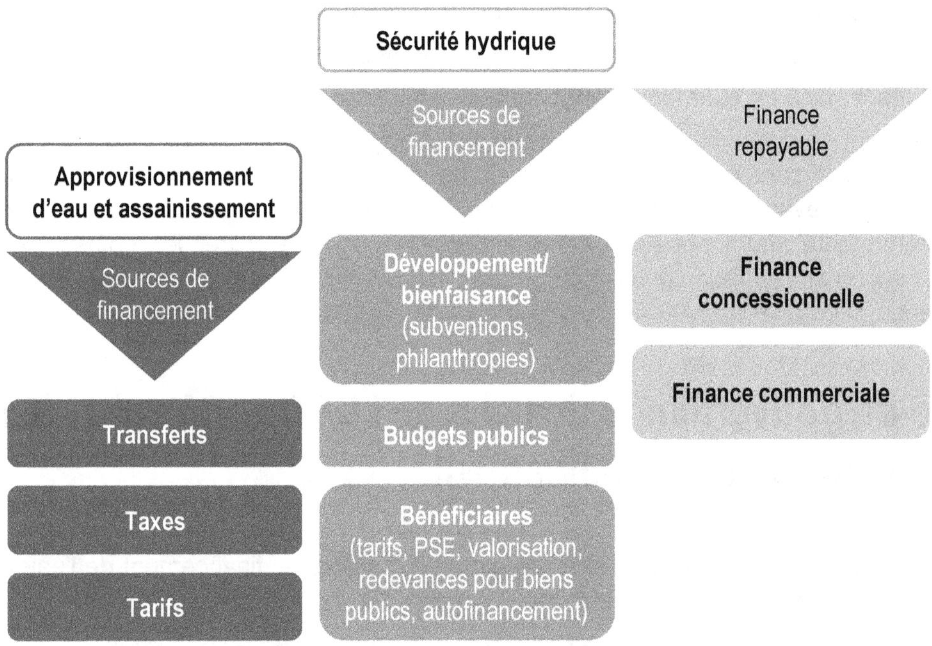

Source : adapté de OECD (2010[22]), *Innovative Financing Mechanisms for the Water Sector*, https://doi.org/10.1787/9789264083660-en.

Les sources de financement remboursables nécessitent un emprunteur solvable, qui peut fournir un rendement financier. Notamment, il existe un consensus croissant sur le fait que la mobilisation de financements commerciaux (par le biais de financements mixtes ou d'autres moyens, tels qu'une combinaison de fonds propres et de dette) sera déterminante pour atteindre les ODD et fournir les incitations à placer le financement du secteur de l'eau sur une base plus durable. Compte tenu des mégatendances qui affectent les pays africains, la réalisation des objectifs de développement durable pour l'eau et l'assainissement sur tout le continent africain nécessitera des investissements cohérents dans les infrastructures, l'exploitation et l'entretien de l'eau, une gestion efficace des ressources en eau et des cadres politiques et réglementaires renforcés. Les dépenses totales annuelles actuelles dans la région représentent entre 8 et 13 milliards USD (graphique 3.12). Par rapport au besoin annuel estimé à

22 milliards USD (15 milliards USD de dépenses en capital et 7 milliards USD pour l'exploitation et la maintenance), les dépenses annuelles couvrent entre 34% et 60% des besoins prévus (ICA, 2019[23]).

Graphique 3.12. Total des sources de financement du secteur de l'eau en Afrique, 2013-2018

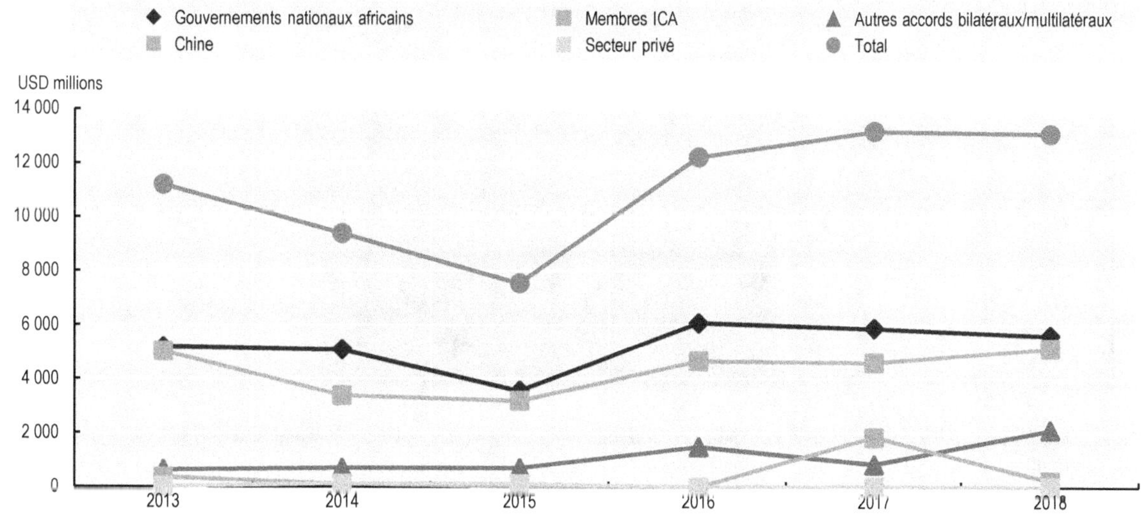

Note : La liste complète des membres de l'ICA est disponible sur le site Web de l'ICA : https://www.icafrica.org/fr/about-ica/ica-members/.
Source : ICA (2019[23]), *About ICA*, https://www.icafrica.org/fr/about-ica/ica-members/

En outre, l'on estime que les coûts annuels nécessaires pour résoudre les problèmes liés à l'accès à l'assainissement, à l'accès à l'eau potable, à la gestion des ressources en eau et à la pénurie d'eau représentent 1,44% du PIB du continent africain (graphique 3.13).

Si l'on se concentre uniquement sur l'investissement, l'Afrique de l'Est, qui représente un tiers de la population africaine totale, représentait la plus grande part (31%) des nouveaux investissements dans le secteur de l'eau et de l'assainissement en Afrique. L'Afrique du Nord représentait 20% tout en représentant 18% des habitants africains. La République d'Afrique du Sud représentait 18%, tandis que l'Afrique australe (5% de la population africaine) et l'Afrique de l'Ouest (30% de la population africaine) représentaient 12%. Seuls 7% des nouveaux financements pour l'eau et l'assainissement ont été investis en Afrique centrale (soit 13% de la population du continent) (graphique 3.14).

Les gouvernements nationaux en Afrique doivent augmenter considérablement les montants de financement public investis dans les services WASH. L'aide publique au développement, bien que critique, est insuffisante. Il peut cependant aider à mobiliser des investissements auprès d'autres sources, telles que le financement commercial et mixte, y compris du secteur privé. Une certaine proportion du déficit d'investissement pourrait également être couverte par une efficacité accrue avec des pertes techniques de 20% à 50% et un taux de recouvrement allant de 80% à 95% dans toute l'Afrique (IBNET, 2021[24]). Les subventions et les structures tarifaires doivent également être conçues, ciblées et mises en œuvre de manière appropriée dans le but d'atteindre la durabilité, l'équité, l'accessibilité et le niveau de service approprié pour tous.

Graphique 3.13. Coûts annuels requis par défi lié à l'eau pour le continent africain, % du PIB

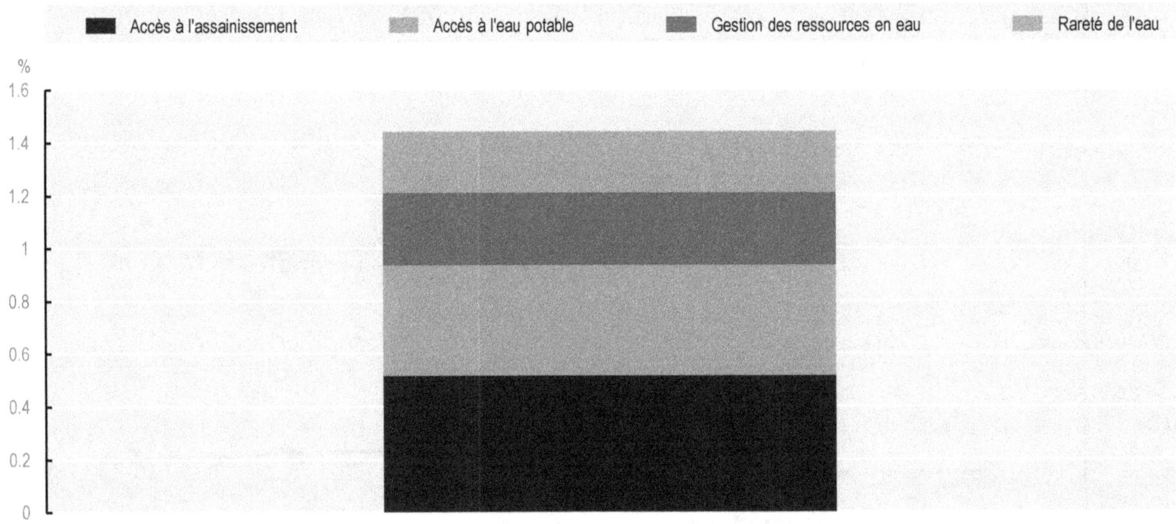

Source : Strong, C. et al. (2020[25]), « Achieving abundance: Understanding the cost of a sustainable water future », www.wri.org/publication/achieving-abundance.

Graphique 3.14. Part de l'investissement total dans l'eau et l'assainissement par région africaine, 2018

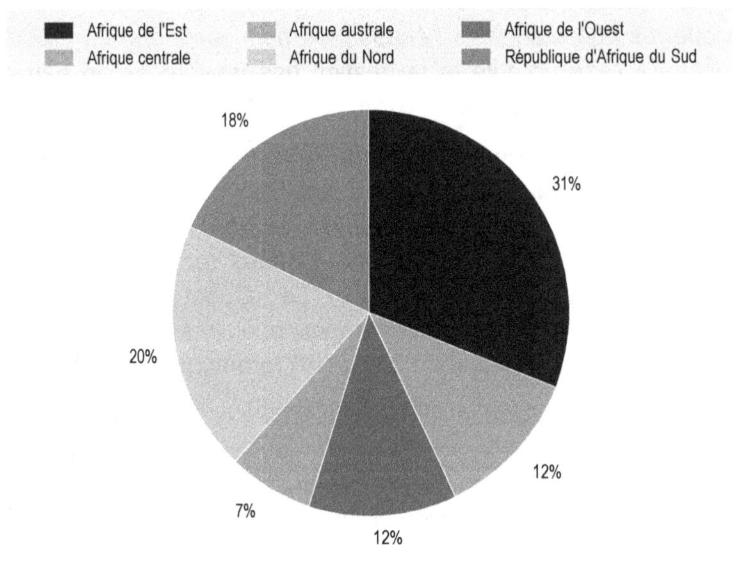

Source : ICA (2019[23]), *About ICA*, https://www.icafrica.org/fr/about-ica/ica-members/.

Confirmant le déficit de financement existant, toutes les villes africaines interrogées déclarent que le manque de financement est le premier obstacle à une bonne gouvernance de l'eau, et aussi la première priorité liée à l'eau pour l'avenir. Les villes interrogées notent également que le vieillissement, l'obsolescence ou l'absence d'infrastructures est un autre défi majeur auquel elles doivent faire face, notamment dans un contexte d'urbanisation rapide et de croissance démographique. En effet, un sous-investissement durable a mis en péril le développement et la fourniture des infrastructures hydrauliques urbaines nécessaires. Ainsi, toutes les villes interrogées déclarent que la construction, l'exploitation et l'entretien des infrastructures WSS sont une priorité absolue dans leur agenda.

Les tarifs et les subventions sont les sources de financement les plus couramment utilisées pour les services publics. Au total, 70% des villes interrogées déclarent que les services d'eau urbains formels ont recours à des tarifs et des subventions (tableau 3.6) et environ la moitié des villes étudiées utilisent les transferts comme source de financement pour leurs services d'eau. Il est à noter que 44% des villes interrogées ont mis en place des systèmes de subventions croisées à travers la mise en place d'un tarif d'eau différencié pour les industriels ou les gros consommateurs. Au total, 58% des villes interrogées utilisent les tarifs comme source de financement pour les services d'assainissement urbains formels, tandis que la moitié des villes déclarent que les subventions sont également une source importante de financement. Tant pour l'eau que pour l'assainissement, l'Aide Publique au Développement (APD) est une source de financement moins utilisée par les villes (en nombre et non en volume).

Tableau 3.6. Sources de financement des services urbains d'eau et d'assainissement dans les villes étudiées

Villes	Approvisionnement en eau			Assainissement		
	Tarifs	Subventions du gouvernement national régional et/ou local	Transfert de fonds d'aide internationale	Tarifs	Subventions du gouvernement national régional et/ou local	Transfert de fonds d'aide internationale
Abidjan (Côte d'Ivoire)						
Fès (Maroc)						
Kampala (Ouganda)						
Cotonou (Bénin)						
Thiès (Sénégal)						
Vogan (Togo)						
Bangangté (Cameroun)						
Brazzaville (République du Congo)						
Bama (Burkina Faso)						
Bangui (République Centrafricaine)						
Nouakchott (Mauritanie)						
Dionaba (Mauritanie)						
Saint-Louis (Sénégal)						
Meknès (Maroc)						
Al Hoceima (Maroc)						
Tanger (Maroc)						
Rabat (Maroc)						
Ville du Cap (Afrique du Sud)						
Mbour (Sénégal)						
Golfe 3 (Togo)						
Lusaka (Zambie)						
Kanembakaché (Niger)						
Marrakech (Maroc)						
Tétouan (Maroc)						
Bobo-Dioulasso (Burkina Faso)						
Monrovia (Libéria)						
Cocody (Côte d'Ivoire)						
Antananarivo (Madagascar)						
Rosso (Mauritanie)						
Chefchaouen (Maroc)						
Banjul (Gambie)						

Villes	Approvisionnement en eau			Assainissement		
	Tarifs	Subventions du gouvernement national régional et/ou local	Transfert de fonds d'aide internationale	Tarifs	Subventions du gouvernement national régional et/ou local	Transfert de fonds d'aide internationale
Accra (Ghana)						
Maputo (Mozambique)						
Lomé (Togo)						
Dakar (Sénégal)						
Abuja (Nigeria)						

Note : 36 villes ayant répondu à la question « Dans votre ville, par quelle source de financement les services d'approvisionnement en eau et d'assainissement sont-ils financés ? ».

Oui

Non

Pas de réponse

Source : OECD (2021[6]), *OECD Survey on Water Governance in African Cities*, OECD, Paris.

En Afrique, la tarification de l'eau est principalement déterminée au niveau national soit par un fournisseur de services national, un ministère de tutelle ou un régulateur national. En conséquence, 79% des villes interrogées déclarent ne pas prendre de décision sur la tarification de l'eau car il existe une directive nationale uniforme. C'est par exemple le cas au Maroc où une décision ministérielle fournit les spécifications pour la fixation des tarifs de l'eau, ou au Ghana où la Commission de régulation des services publics définit la politique tarifaire.

Certains pays, comme la Côte d'Ivoire, dans le cadre de leur politique de tarification centralisée, ont établi le principe de recouvrement des coûts de fonctionnement comme règle pour les services d'eau et d'assainissement (WSS) urbain. Les coûts de fonctionnement des WSS urbains doivent être couverts par les revenus des ventes d'eau sans recourir aux ressources du budget de l'État central. En outre, deux fonds affectés financés par la facture d'eau ont été mis en place, à savoir le Fonds national de l'eau et le Fonds de développement. Le premier assure le remboursement des emprunts contractés au profit du secteur de l'approvisionnement en eau et de l'assainissement tandis que ce dernier finance les branchements sociaux, les travaux de rénovation des installations, les travaux de renforcement et d'extension du réseau, et investit dans les travaux.

Les prélèvements d'eau et les redevances de pollution sont un autre instrument économique qui peut aider à gérer les ressources en reflétant partiellement certains des coûts associés à son utilisation ou à sa pollution. Ces redevances peuvent être utilisées pour financer les coûts de gestion des ressources en eau et de régulation des activités qui ont un impact sur la disponibilité et la qualité de l'eau. Le principe général de la fixation des redevances de prélèvement d'eau ou de pollution est de refléter les externalités que les actions liées par un utilisateur causent aux tiers et à l'environnement. Cependant, cette tâche nécessite une capacité importante pour produire, mettre à jour et partager des données et des informations cohérentes et comparables sur l'état de l'environnement et des ressources, et pour effectuer des évaluations techniques et socio-économiques.

Si les redevances de pollution et de captage sont souvent dictées par des cadres réglementaires et politiques nationaux, elles ne sont pas communes dans tous les pays et villes africains. Les redevances de prélèvement sont collectées dans 61% des villes étudiées, tandis que les redevances de pollution sont moins développées (39%) (tableau 3.7). Les raisons de l'adoption plus lente des redevances de pollution dans la gestion de la pollution de l'eau peuvent inclure : la résistance politique des pollueurs ; données limitées sur les coûts de la dégradation de l'environnement ; difficultés à mesurer les sources de pollution et à les attribuer aux pollueurs.

L'absence, le faible niveau ou la faible application d'instruments économiques pour gérer les ressources en eau dans les villes africaines peuvent représenter une menace pour la sécurité hydrique dans la région. Par exemple, bien que des redevances pour la gestion des ressources en eau et l'évacuation des déchets existent en Afrique du Sud, elles sont trop faibles pour servir d'instrument économique efficace pour gérer les ressources en eau. En effet, des outils économiques pourraient être utilisés pour forcer les utilisateurs d'eau et les pollueurs à internaliser les conséquences économiques de leur captage/pollution de l'eau et encourager un changement de comportement ; et pour financer les coûts de gestion des ressources en eau et de réglementation des activités qui ont un impact sur la disponibilité et la qualité de l'eau.

Tableau 3.7. Instruments économiques pour la gestion des ressources en eau dans les villes étudiées

Villes	Frais de prélèvement d'eau	Redevances pour pollution de l'eau
Abidjan (Côte d'Ivoire)		
Marrakech (Maroc)		
Ville du Cap (Afrique du Sud)		
Kampala (Ouganda)		
Lusaka (Zambie)		
Antananarivo (Madagascar)		
Golfe 3 (Togo)		
Saint-Louis (Sénégal)		
Thiès (Sénégal)		
Dakar (Sénégal)		
Nouakchott (Mauritanie)		
Brazzaville (République du Congo)		
Bobo-Dioulasso (Burkina Faso)		
Rosso (Mauritanie)		
Vogan (Togo)		
Meknès (Maroc)		
Al Hoceima (Maroc)		
Fès (Maroc)		
Rabat (Maroc)		
Bangangté (Cameroun)		
Monrovia (Libéria)		
Chefchaouen (Maroc)		
Tanger (Maroc)		
Cotonou (Bénin)		
Tétouan (Maroc)		
Cocody (Côte d'Ivoire)		
Banjul (Gambie)		
Kanembakaché (Niger)		
Dionaba (Mauritanie)		
Accra (Ghana)		
Maputo (Mozambique)		
Lomé (Togo)		
Bangui (République centrafricaine)		
Mbour (Sénégal)		
Bama (Burkina Faso)		
Abuja (Nigéria)		

Note : 36 villes ayant répondu à la question « Parmi les instruments économiques suivants, lesquels sont en place pour la gestion de l'eau dans votre ville ? ».
Oui
Non
Pas de réponse
Source : OECD (2021[6]), *OECD Survey on Water Governance in African Cities*, OECD, Paris

Résoudre les problèmes de transparence et d'intégrité

Les infrastructures hydrauliques sont généralement à forte intensité capitalistique et de longue durée avec des coûts irrécupérables élevés, ce qui expose le secteur à d'importants risques de corruption à moins que des cadres solides d'intégrité, de transparence et de passation des marchés ne soient en place aux niveaux national et local. Les infrastructures hydrauliques nécessitent un investissement initial élevé financé principalement par les dépenses publiques (voir section précédente) et les marchés publics. Les marchés publics représentent en moyenne 13 à 20% du PIB mondial. Les dépenses globales en matière de passation des marchés sont estimées à près de 9,5 trillions USD dans le monde (World Bank, 2021[26]) et, selon l'Office des Nations Unies contre la drogue et le crime (UNODC, 2013[27]), 10 à 25% de la valeur globale d'un marché public peuvent être perdus en raison de la corruption.

L'intégration des pratiques d'intégrité et de transparence dans les politiques de l'eau, les institutions de l'eau et les cadres de gouvernance de l'eau est essentielle pour une plus grande responsabilité et confiance dans la prise de décision, et pour une mise en œuvre efficace des politiques de l'eau. Un faible niveau d'adoption des outils d'intégrité peut constituer une menace majeure pour la sécurité hydrique car les investissements peuvent être découragés par des pratiques de corruption généralisées, malgré des besoins considérables. Par exemple, cela peut empêcher l'augmentation de la couverture en eau et en assainissement, ce qui entrave le potentiel de développement économique, d'amélioration de la santé et de l'hygiène ou de préservation des écosystèmes. Selon le Programme mondial des Nations Unies contre la corruption (UNDP, 2011[28]), la corruption met l'accent sur la menace de pénurie d'eau en sapant les institutions gouvernementales, en creusant le fossé entre les riches et les pauvres et en encourageant les comportements illicites, qui à son tour menace la stabilité sociale et politique et déclenche la violence. Alors que l'ampleur de la corruption varie considérablement entre les pays et entre les domaines du secteur de l'eau, la Banque mondiale (World Bank, 2010[29]) a estimé que 20% à 40% des finances du secteur de l'eau sont perdues à cause de pratiques malhonnêtes.

Principe de gouvernance de l'eau de l'OCDE n°9 sur l'intégrité et la transparence

Intégrer les pratiques d'intégrité et de transparence dans les politiques de l'eau, les institutions de l'eau et les cadres de gouvernance de l'eau pour une plus grande responsabilité et confiance dans la prise de décision, en :

- Assurant la promotion de cadres juridiques et institutionnels qui tiennent les décideurs et les parties prenantes responsables, tels que le droit à l'information et des autorités indépendantes pour enquêter sur les questions liées à l'eau et l'application de la loi ;
- Encourageant les normes, codes de conduite ou chartes sur l'intégrité et la transparence dans les contextes nationaux ou locaux et en assurant le suivi de leur mise en œuvre ;
- Établissant des mécanismes clairs de responsabilisation et de contrôle pour l'élaboration et la mise en œuvre transparentes des politiques de l'eau ;

- Diagnostiquant et cartographiant régulièrement les facteurs existants ou potentiels de corruption et de risques dans toutes les institutions liées à l'eau à différents niveaux, y compris pour les marchés publics ; et
- Adoptant des approches multipartites, des outils dédiés et des plans d'action pour identifier et combler les lacunes en matière d'intégrité de l'eau et de transparence (par exemple, analyses/pactes d'intégrité, analyse des risques, témoins sociaux).

Source : OCDE (2015[1]), *Principes de l'OCDE sur la gouvernance de l'eau*, https://www.oecd.org/cfe/regionaldevelopment/Principes-OCDE-gouvernance-eau_fr.pdf.

La corruption reste un problème prévalent en Afrique car l'Afrique subsaharienne est la région la moins bien notée de l'Indice Annuel de Perception de la Corruption de Transparency International, avec de nombreux pays de la région figurant parmi les moins performants, bien que le Botswana, Cabo Verde et les Seychelles se classent parmi les 25% des meilleurs au monde (Transparency International, 2020[30]). La plupart des pays d'Afrique du Nord se situent dans les deux tiers supérieurs, à l'exception de la Libye, mais de nombreux pays subsahariens s'en sortent mieux que la Tunisie, le pays le plus performant de la région d'Afrique du Nord.

Le secteur de l'eau n'échappe pas à la corruption en Afrique. 20% des répondants de 31 pays africains ayant tenté d'obtenir des services publics (eau, assainissement et électricité) ont déclaré avoir payé une forme de pot-de-vin entre 2016 et 2018, et plus de la moitié des répondants ont déclaré que leurs gouvernements étaient « défaillants » dans la fourniture d'eau potable et de services d'assainissement (Howard et Han, 2020[31]).

Les diverses formes de corruption et de défaillances d'intégrité dans le secteur de l'eau ont un large éventail de conséquences : elles augmentent les coûts, conduisent à de mauvais résultats de livraison et sapent la confiance sociale. La réduction des coûts et la promotion de la confiance sont essentielles ; surtout dans le contexte d'une pandémie comme le COVID-19 où les ressources publiques sont sous pression et les enjeux de non-respect des recommandations gouvernementales sont élevés. Parce qu'elle est cachée à la vue du public, la corruption est difficile à quantifier, mais certaines estimations sont disponibles : à titre d'exemple, des recherches menées au Kenya donnent à penser que la corruption pourrait avoir représenté au moins 4% du total des dépenses publiques WASH en 2015/16 (Water Integrity Network, forthcoming[32]).

La promotion de la transparence et de l'intégrité dans le secteur de l'eau en Afrique est essentielle pour garantir un accès efficace, rentable et équitable à l'eau et à l'assainissement. L'enquête de l'OCDE sur la gouvernance de l'eau dans les villes africaines (OECD, 2021[6]) met en évidence les efforts en cours pour adopter des outils d'intégrité et de transparence au niveau des villes. A titre d'exemple, dans 58% des villes étudiées, les comptes de l'eau sont séparés des comptes des villes, assurant ainsi une identification claire des revenus et des dépenses liées à l'eau. Cependant, ces efforts doivent être renforcés. Moins de la moitié des villes interrogées déclarent que des processus d'approvisionnement clairs ou des principes clairs de transparence budgétaire sont dûment appliqués. Seul un tiers des villes étudiées disposent de publication annuelle d'informations financières sur les services d'eau et d'assainissement, ou d'audits aléatoires ou de systèmes de gestion anti-corruption (tableau 3.8).

Tableau 3.8. Mécanismes de transparence et d'intégrité dans les villes étudiées

	Audit des budgets d'eau	Rapportage financier annuel sur les services d'eau	Règles et de principes de transparence budgétaire clairs	Systèmes de gestion anti-corruption	Politiques visant à protéger les lanceurs d'alerte	Plans institutionnels anti-corruption	Procédures claires de marché public	Audits et tests d'intégrité aléatoires	Procédures claires et obligatoires pour empêcher les possibles conflits d'intérêt
Kanembakaché (Niger)									
Al Hoceima (Maroc)									
Bangangté (Cameroun)									
Tétouan (Maroc)									
Meknès (Maroc)									
Tanger (Maroc)									
Nouakchott (Mauritanie)									
Cotonou (Bénin)									
Lusaka (Zambie)									
Ville du Cap (Afrique du Sud)									
Kampala (Ouganda)									
Accra (Ghana)									
Antananarivo (Madagascar)									
Chefchaouen (Maroc)									
Thiès (Sénégal)									
Fès (Maroc)									
Vogan (Togo)									
Golfe 3 (Togo)									
Brazzaville (République du Congo)									
Dionaba (Mauritanie)									

	Audit des budgets d'eau	Rapportage financier annuel sur les services d'eau	Règles et de principes de transparence budgétaire clairs	Systèmes de gestion anti-corruption	Politiques visant à protéger les lanceurs d'alerte	Plans institutionnels anti-corruption	Procédures claires de marché public	Audits et tests d'intégrité aléatoires	Procédures claires et obligatoires pour empêcher les possibles conflits d'intérêt
Rosso (Mauritanie)									
Bama (Burkina Faso)									
Mbour (Sénégal)									
Saint-Louis (Sénégal)									
Bobo-Dioulasso (Burkina Faso)									
Banjul (Gambie)									
Cocody (Côte d'Ivoire)									
Marrakech (Maroc)									
Bangui (République centrafricaine)									
Maputo (Mozambique)									
Monrovia (Libéria)									
Lomé (Togo)									
Rabat (Maroc)									
Abuja (Nigeria)									
Dakar (Sénégal)									
Abidjan (Côte d'Ivoire)									

Note : 36 villes ont répondu à la question « Quels mécanismes ont été mis en place au niveau de la ville pour améliorer la transparence et l'intégrité de la gestion des problèmes liés à l'eau ? ».
Oui
Non
Pas de réponse
Source : OECD (2021[6]), *OECD Survey on Water Governance in African Cities*, OECD, Paris.

Renforcer l'engagement des parties prenantes

Dans un monde en évolution rapide et connecté où le changement climatique, la croissance démographique, le développement urbain, les besoins croissants en eau pour l'énergie et la nourriture, les catastrophes naturelles et les risques liés à l'eau sont susceptibles de nuire aux sociétés et à l'environnement, les parties prenantes doivent être habilitées à agir ensemble pour façonner l'eau la gouvernance. Les parties prenantes qui composent le secteur de l'eau jouent un rôle crucial dans la détermination du résultat d'une politique ou d'un projet donné. Ils peuvent l'initier et le soutenir, mais ils peuvent aussi s'opposer aux efforts, tenter de les bloquer ou de les détourner pour servir leurs propres objectifs. L'engagement des parties prenantes offre des opportunités de partager des objectifs, des expériences et des responsabilités, et d'obtenir plus de soutien pour les solutions qui seront atteintes tout en exprimant et en répondant aux préoccupations et aux intérêts. Ainsi, l'engagement des parties prenantes est un moyen pour les groupes et les individus de partager les tâches et les responsabilités dans un secteur où ils contribuent souvent aux défis ainsi qu'aux solutions.

Principe de gouvernance de l'eau de l'OCDE n°10 sur l'engagement des parties prenantes

Promouvoir l'engagement des parties prenantes pour des contributions éclairées et axées sur les résultats à la conception et à la mise en œuvre de la politique de l'eau, à travers :

- Cartographier les acteurs publics, privés et à but non lucratif qui ont un intérêt dans le résultat ou qui sont susceptibles d'être affectés par les décisions liées à l'eau, ainsi que leurs responsabilités, motivations fondamentales et interactions.
- Accordant une attention particulière aux catégories sous-représentées (jeunes, pauvres, femmes, autochtones, utilisateurs domestiques), aux nouveaux arrivants (promoteurs immobiliers, investisseurs institutionnels) et autres acteurs et institutions liés à l'eau.
- Définir la ligne de prise de décision et l'utilisation prévue des contributions des parties prenantes, et atténuer les déséquilibres de pouvoir et les risques de capture de la consultation à partir de catégories surreprésentées ou trop vocales, ainsi qu'entre les voix d'experts et de non-experts.
- Encourager le renforcement des capacités des parties prenantes concernées ainsi que des informations exactes, opportunes et fiables, le cas échéant.
- Évaluer le processus et les résultats de l'engagement des parties prenantes pour apprendre, ajuster et s'améliorer en conséquence, y compris l'évaluation des coûts et des avantages des processus d'engagement.
- Promouvoir des cadres juridiques et institutionnels, des structures organisationnelles et des autorités responsables propices à l'engagement des parties prenantes, en tenant compte des circonstances, des besoins et des capacités locales.
- Adapter le type et le niveau d'engagement des parties prenantes aux besoins et maintenir la flexibilité du processus pour s'adapter à l'évolution des circonstances.

Source : OCDE (2015[1]), *Principes de l'OCDE sur la gouvernance de l'eau*, https://www.oecd.org/cfe/regionaldevelopment/Principes-OCDE-gouvernance-eau_fr.pdf.

Le rapport de l'ODD 6.b.1 sur la participation des parties prenantes montre que les deux tiers des pays africains ont défini des procédures dans la loi ou la politique de participation des communautés locales pour la fourniture d'eau et d'assainissement. Au contraire, seul un tiers des pays africains ont développé de telles procédures de participation pour la planification et la gestion des ressources en eau (graphique 3.15).

Graphique 3.15. Dispositions légales pour la participation des communautés locales à la planification de l'eau et de l'assainissement, en Afrique (ODD 6.b.1)

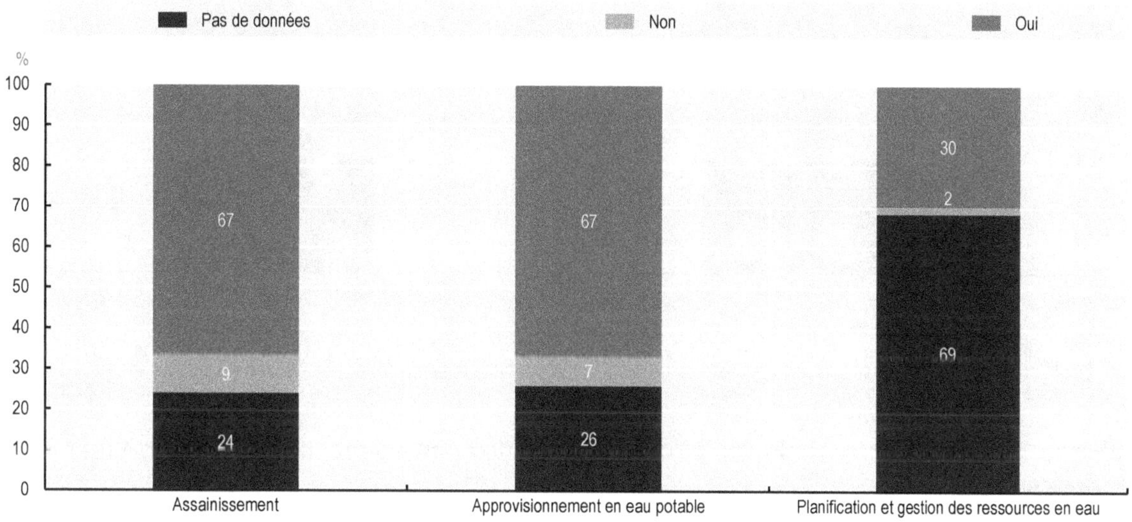

Note : 54 pays africains.
Source : UN-Water (2019[16]), *Global Analysis and Assessment of Sanitation and Drinking-Water (GLAAS) 2019 Report.*

En outre, l'étendue de la participation des communautés locales à la planification de l'eau et de l'assainissement reste modérée à faible dans les zones urbaines du continent africain, soulignant ainsi la nécessité d'améliorer l'engagement efficace des parties prenantes (graphique 3.16). Ce constat est aggravé par des ressources financières insuffisantes, qui entravent la mise en œuvre des procédures de participation communautaire. Plus de 85% des pays d'Afrique subsaharienne rapportent que les ressources financières représentaient moins de 50% de celles nécessaires pour soutenir la participation communautaire en 2017 (UN-Water, 2019[33]).

Ces conclusions sont confirmées par les résultats de l'enquête de l'OCDE sur la Gouvernance de l'Eau dans les Villes Africaines, où la plupart des répondants déclarent faire face à des obstacles pour impliquer les parties prenantes dans les questions liées à l'eau. Le manque de financement, de temps et de personnel ainsi que la complexité des problèmes en jeu ou la faible capacité des parties prenantes à s'engager dans des processus de consultation représentent certains de ces obstacles. La discontinuité politique et la faiblesse du cadre juridique pour soutenir l'engagement sont également signalées comme des problèmes importants (graphique 3.17). Dans un tel contexte, les villes estiment que l'amélioration des connaissances, de l'information et des compétences sera essentielle pour renforcer l'engagement des parties prenantes et la sensibilisation des citoyens sur les sujets liés à l'eau à l'avenir. Par exemple, en août 201t, la Ville du Cap a créé un comité consultatif sur la résilience de l'eau (WRAC) en réponse à la crise de sécheresse afin de rassembler une variété de parties prenantes en dehors de l'administration municipale et de favoriser l'information et les connaissances. Dans sa stratégie de l'eau de 2019, la Ville du Cap (City of Cape Town, 2019[34]) a mis à profit cette expérience pour créer un plan d'action collaboratif pour la résilience - une plateforme multipartite pour coordonner les efforts et améliorer la gouvernance et la prise de décision en cas de crise.

Graphique 3.16. Participation des communautés locales à la planification de l'eau et de l'assainissement dans les zones urbaines en Afrique (ODD 6.b.1)

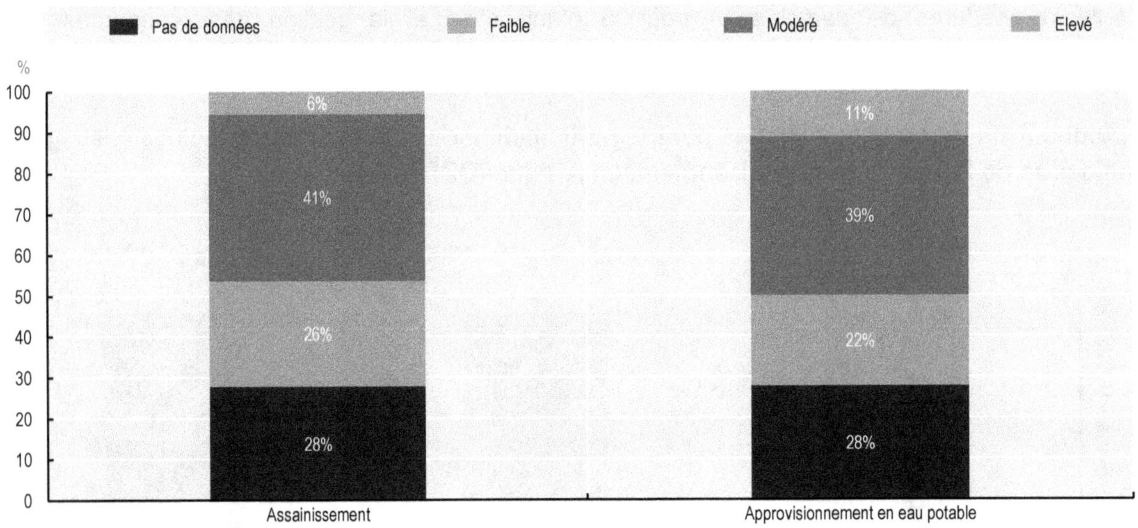

Note : 54 pays africains.
Source : UN-Water (2019[16]), *Global Analysis and Assessment of Sanitation and Drinking-Water (GLAAS) 2019 Report.*

Graphique 3.17. Principaux obstacles à l'engagement des parties prenantes dans les villes africaines étudiées

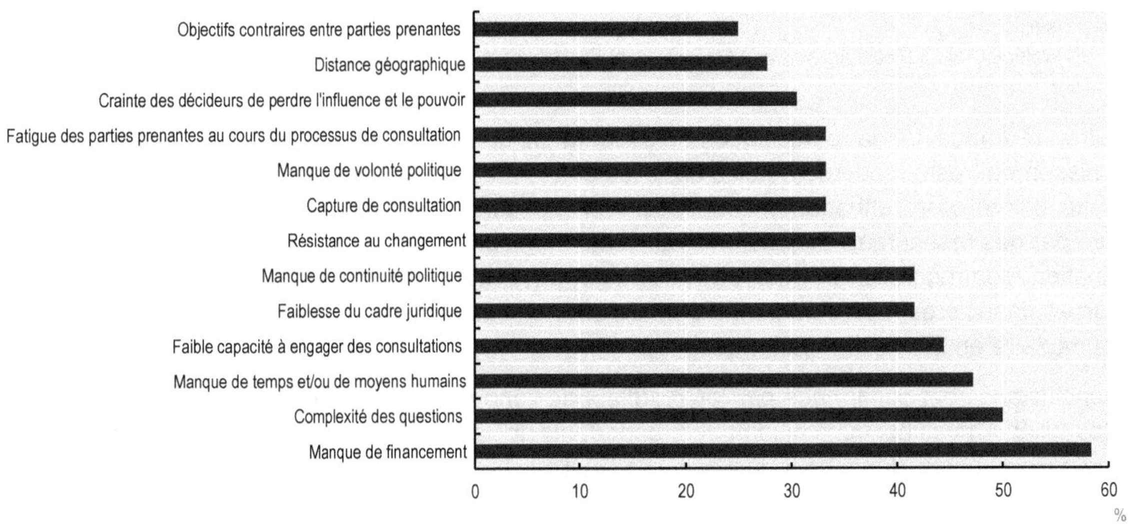

Note : 32 villes ont répondu à la question « Quels obstacles entravent le plus l'engagement des parties prenantes dans votre ville ? ».
Source : OECD (2021[6]), *OECD Survey on Water Governance in African Cities*, OECD, Paris.

Outre les obstacles mentionnés ci-dessus, les villes africaines déclarent également que certaines catégories d'acteurs sont plus difficiles à impliquer que d'autres. Les prestataires de services (28%) et le gouvernement central (28%) sont considérés comme les homologues les plus difficiles avec lesquels s'engager, suivis des groupes vulnérables (19%). En réponse, 42% des villes ont mis en place des mécanismes spécifiques pour les populations pauvres et les populations vivant dans des quartiers informels. Par exemple, à Accra, la Ghana Water Company Limited a créé une Unité Unique de Soutien à la Clientèle à Faible Revenu (LICSU) pour s'occuper exclusivement des zones non desservies du pays.

Le LICSU veille à ce que les établissements urbains nouvellement développés et non desservis soient canalisés et connectés au réseau. Cette unité fournit des solutions abordables et durables pour améliorer l'accès à l'eau potable gérée en toute sécurité pour les citadins pauvres.

Outre les difficultés rencontrées pour s'engager avec les parties prenantes, les villes africaines manquent principalement de connaissances de base sur les parties prenantes avec lesquelles elles devraient s'engager. Plus de trois villes interrogées sur quatre n'ont pas réalisé de cartographie des parties prenantes pour leur secteur de l'eau (graphique 3.18). Une telle cartographie permet d'identifier clairement les acteurs publics, privés et à but non lucratif qui ont un intérêt dans le résultat ou qui sont susceptibles d'être affectés par les décisions liées à l'eau, ainsi que leurs responsabilités, leurs motivations fondamentales et leurs interactions. Cette cartographie peut être considérée comme une première étape pour guider et construire des processus d'engagement des parties prenantes.

Graphique 3.18. Part des villes étudiées qui ont réalisé une cartographie des parties prenantes liées à l'eau

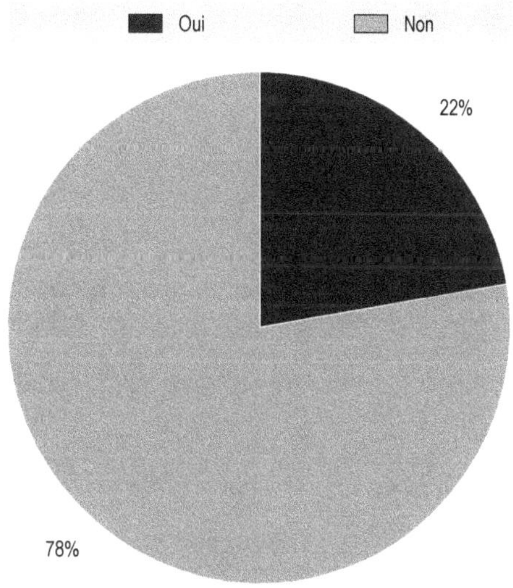

Note : 33 villes ayant répondu à la question « Votre ville a-t-elle réalisé une cartographie des parties prenantes ? ».
Source : OECD (2021[6]), *OECD Survey on Water Governance in African Cities*, OECD, Paris.

Cependant, si peu de villes ont réalisé une cartographie des parties prenantes, plusieurs services d'eau l'ont fait. C'est par exemple le cas du prestataire de services d'eau et d'assainissement Lyonnaise des Eaux Casablanca (LYDEC) au Maroc (encadré 3.7), ou de la National Water and Sewerage Corporation (NWSC) à Accra (Ghana) (encadré 3.6). Dans les deux cas, les services publics ont également recours à des mécanismes d'engagement spécifiques.

Encadré 3.5. Cartographie et engagement des parties prenantes de la LYDEC à Casablanca, au Maroc

Le développement d'un dialogue responsable avec les parties prenantes est un axe structurant de la stratégie de Responsabilité Sociétale d'Entreprise de la LYDEC, à travers un projet stratégique dédié, adopté en janvier 2016 par la Direction Générale. Une cartographie détaillée des parties prenantes a été réalisée et validée par le Comité de pilotage du développement durable le 14 avril 2016. Elle a été suivie d'un exercice de priorisation de ces parties prenantes au regard de trois éléments critiques : le pouvoir, l'urgence et la légitimité. La cartographie confirme l'existence d'un écosystème complexe d'acteurs, composé de deux grandes catégories :

- Parties prenantes internes, y compris les employés, les organes de gouvernance, les partenaires sociaux, etc.
- Parties prenantes externes comprenant les régulateurs, les partenaires économiques et les influenceurs sociaux.

Tableau 3.9. Liste de mécanismes d'engagement des parties prenantes actuels à Casablanca, Maroc

Parties prenantes	Description	Mécanismes d'engagement
Partenaires économiques	• Clients - Consommateurs Particuliers, Professionnels, Administrations et collectivités, Industriels • Fournisseurs d'eau et électricité • Sous-traitants • Promoteurs/Aménageurs • Banques/investisseurs	• Centre de Relation Clientèle • Site web Lydec, réseaux sociaux et blog externe • Publications (« Lydec & Vous ») et affichage en agences, dans les Espaces services et publications distribuées dans le réseau d'agences • Bilan d'image 2016 • Enquête de satisfaction grand public annuelle • Rapport d'activité • Réunions et visites fournisseurs et sous-traitants
Régulateurs	• Autorité Délégante • Autorité de tutelle • Autorités de régulation (CESE, CRC…) • Fédérations et associations professionnelles • Organismes de certification/labellisation	• Comité de suivi de la Gestion Déléguée • Réunions régulières avec le Service Permanent de Contrôle de l'Autorité Délégante, la Direction des Régies et services concédés... • Site web Lydec • Rapport d'activité • Rapport de gestion déléguée (autorités) • Visites chantiers et ouvrages • Plaquettes de présentation des projets
Parties prenantes internes	• Instances de gouvernance (Conseil d'administration, Comité de Direction Générale, Comité des Directeurs) • Partenaires sociaux • Actionnaires (Suez, RMA, Fipar Holding…) • Collaborateurs de Lydec • Fondation Lydec	• Cycle de réunions du Comité de Direction Générale, Comité de Suivis des Projets Stratégiques, Comité des Directeurs • Blog interne • Campagnes internes (dont engagements de service, innovation, sécurité, DD et projet d'entreprise) • Communication sur nos chantiers (sécurité)) • Guides (accueil, bonne conduite, SST…) • Rapport de gestion (actionnaires)
Influenceurs sociétaux	• Elus et autorités locales /Conseils, Arrondissements et Communes • Médias et réseaux sociaux • Associations et ONG • Société civile • Analystes/agences de notation financière et extra-financière • Universités/recherche	• Cycle de réunions de proximité avec les élus et autorités locales • Blog externe • Pages Lydec sur les réseaux sociaux • Actions de la Fondation Lydec • Bilan d'image 2016 • Visites chantiers et ouvrages (galerie Eaucéan, espace expérimental de Médiouna, Le 7/24 Centre de veille et de coordination de Lydec…) • Séminaire médias annuel et communiqués de presse (médias)

Source : Lydec (2016[35]), *Rapport de contribution sociale, sociétale et environnementale*, https://client.lydec.ma/site/fr/c/document_library/get_file?uuid=889b4f15-0ea3-4c3e-a309-76f863a46cca&groupId=10156.

Encadré 3.6. Cartographie et engagement des parties prenantes liées à l'eau en Ouganda

La National Water and Sewerage Corporation a un large éventail de parties prenantes, y compris les consommateurs, le gouvernement, les partenaires de développement, les fournisseurs, les employés et la communauté. Tout en se concentrant sur la mise en œuvre de services d'approvisionnement en eau et d'assainissement, la Société tient compte de la nécessité d'équilibrer ce mandat avec les besoins de tous les intervenants.

Dialoguer avec les parties prenantes permet de comprendre leurs attentes dynamiques et de s'efforcer de les satisfaire. La cartographie des parties prenantes est résumée dans le tableau ci-dessous.

Tableau 3.10. Liste de mécanismes d'engagement des parties prenantes actuels en Ouganda

Parties prenantes	Importance	Mécanismes d'engagement
Consommateurs	• Paient leurs factures • Consomment nos services • Nous donnent du feedback • Vendent nos services • Soutiennent notre croissance	• Relevé de compteurs et envoi de factures mensuels • Communication prompte sur les interruptions de service • Mise à jour annuelle de la charte clients • Enquête de satisfaction client annuelle • Plateforme pour les relations client sur les réseaux sociaux tels que la page web du NWSC, Twitter, Facebook, WhatsApp, YouTube et Instagram • Centre d'appel gratuit 24h/24 • Diverses options de paiement telles que les comptoirs de banque, prélèvements automatiques, argent mobile et application NWSC • 184 agences locales dans diverses parties du pays • Agence en ligne où les clients peuvent accéder à des services tels que la demande d'un nouveau raccordement
Gouvernement	• Propriétaire unique • Engagement à soutenir l'accès universel à l'eau • Cadre réglementaire et politique	• Présentation de budgets, de plans de travail et de stratégies pour approbation • Préparation des rapports trimestriels et annuels pour le gouvernement • Participation aux réunions de comité parlementaire pour présenter nos plans, réalisations d'objectifs et défis • Travail étroit avec les autres départements dans la mise en place de programmes gouvernementaux
Partenaires de développement	• Contribuent à financer nos projets de développement de capitaux • Soutiennent des programmes de développement de capacités	• Fourniture de plans de travail et de rapports trimestriels • Participation aux conférences des donateurs afin de comprendre leurs priorités changeantes • Participation aux réunions de revue de projet avec les partenaires de développement
Employés	• Gèrent les affaires courantes • Sont en contact avec toutes les autres parties prenantes • Possèdent les compétences requises dans notre travail	• Contrats de travail clairs et conditions de service • Instructions de travail écrites, règles de santé et de sécurité • Réunions régulières entre le personnel et l'équipe dirigeante • Procédures pour la résolution de conflits • Activités sociales telles que la pratique du sport, petits déjeuners hebdomadaires et ateliers de formation • Revues et évaluations de performance biannuelles • Politiques de "whistle-blower" afin d'encourager le personnel à signaler des actes répréhensibles • Coaching et parrainage avec l'équipe dirigeantes • Visites régulières aux agences locales par l'équipe dirigeante et le Conseil

Source : NWSC (2019[19]), *Integrated Annual Report 2018/2019*, National Water and Sewerage Corporation.

Les villes utilisent une variété de mécanismes pour s'engager avec les parties prenantes liées à l'eau (graphique 3.19). Les réunions (56%) et les ateliers (44%) sont les principaux outils d'engagement, suivis par les comités de citoyens (42%) et les institutions infranationales de l'eau telles que les organisations de bassins fluviaux (42%). Au Cameroun, la ville de Bangangté a mis en place un comité communal de l'eau et de l'assainissement comme lieu de discussion, de prise de décision et d'action sur les questions d'eau et d'assainissement au niveau municipal. Le comité rassemble des usagers de l'eau ainsi que des fonctionnaires municipaux. Son assemblée annuelle est ouverte au public et présidée par le maire. À Lusaka (Zambie), par exemple, la Lusaka Water Security Initiative, une plateforme de collaboration multipartite réunissant des parties prenantes de tous les secteurs, vise à favoriser le dialogue, le partage des connaissances, la sensibilisation, la planification et le développement de projets en vue d'améliorer la sécurité hydrique (encadré 3.7).

Graphique 3.19. Mécanismes d'engagement des parties prenantes utilisés dans les villes africaines étudiées

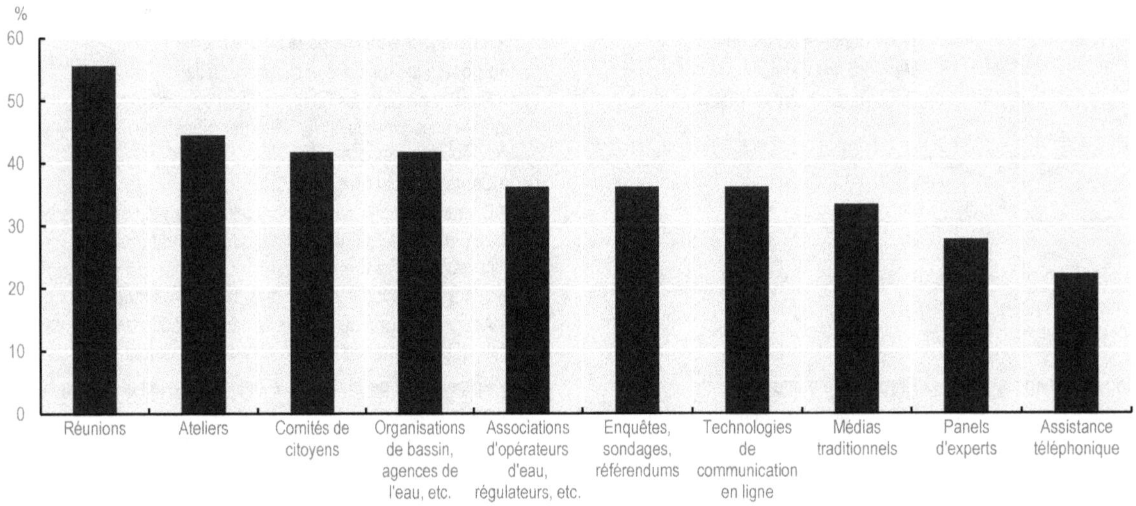

Note : 24 villes ayant répondu à la question « Quels mécanismes votre ville utilise-t-elle le plus pour impliquer les parties prenantes dans la prise de décision relative à l'eau ? ».
Source : OECD (2021[6]), *OECD Survey on Water Governance in African Cities*, OECD, Paris.

Encadré 3.7. Exemples réussis d'engagement des parties prenantes en Zambie

Initiative de sécurité hydrique de Lusaka (LuWSI)

Fondée en 2016, LuWSI est une plateforme de collaboration multipartite regroupant plus de 20 partenaires du secteur public, du secteur privé, de la société civile et des institutions internationales. Les partenaires de LuWSI s'engagent dans le dialogue et le leadership, l'analyse et le partage des connaissances, le plaidoyer et la sensibilisation, la planification et le développement de projets dans le but d'améliorer la sécurité hydrique pour les résidents et les entreprises de Lusaka. LuWSI n'est pas encore une entité juridique enregistrée, mais plutôt un partenariat volontaire de partenaires, liés par un protocole d'accord.

Les principales fonctions de LuWSI sont les suivantes :

- Évaluer, hiérarchiser et surveiller les menaces et les solutions de sécurité hydrique
- Créer une prise de conscience, une éducation et un plaidoyer pour le changement

- Développer et mettre en œuvre des projets ; mobiliser de nouveaux acteurs et ressources
- Renforcer la capacité de collaboration multipartite

LuWSI a cinq domaines d'action pour la sécurité hydrique, priorisés par ses partenaires au cours d'une série d'ateliers de développement de stratégie :

- Prévention de la pollution des eaux souterraines
- Exploitation durable des eaux souterraines
- Rivière Kafue saine
- Accès à l'approvisionnement en eau et à l'assainissement
- Gestion des risques d'inondations urbaines

Groupes de surveillance de l'eau (WWG)

En Zambie, le Conseil national de l'eau et de l'assainissement (NWASCO), qui réglemente le secteur de l'eau et de l'assainissement, a une structure très légère avec des bureaux à Lusaka uniquement. Cependant, voulant s'assurer que NWASCO est présent sur le terrain pour obtenir des informations de première main et traiter les plaintes des consommateurs, des groupes de surveillance de l'eau ont été créés, comprenant des clients des zones de service. Les fonctions des Groupes de Surveillance e l'Eau (WWG) comprennent la représentation des intérêts des consommateurs; suivi des plaintes de consommateurs non résolues; amélioration de la communication entre les consommateurs et les fournisseurs; arbitrage dans les conflits entre consommateurs et prestataires de services; collecte d'informations sur les performances des prestataires; information de NWASCO sur l'efficacité de la réglementation et proposition d'ajustements possibles; information des consommateurs pauvres sur leurs droits et obligations; et l'information des consommateurs concernant le rôle et les fonctions du NAWSCO. Pour remplir ces fonctions, les WWG organisent des réunions publiques avec les consommateurs et des réunions pour examiner / valider les plaintes. Ils participent à des programmes de sensibilisation et de publicité via des réunions de sensibilisation, des émissions de télévision et de radio. Ils soumettent des rapports périodiques à NWASCO, y compris les commentaires des consommateurs. Ils participent à des ateliers, des conférences, etc. Ils aident au recrutement et à la formation de nouveaux WWG.

Source : LuWSI (s.d.[36]), *Homepage*, https://www.luwsi.org/. NAWSCO (s.d.[37]), *Water Watch Groups*, http://www.nwasco.org.zm/index.php/consumer-service/water-watch-groups.

Dans une taxonomie provisoire, (OECD, 2015[38]) décrit certains des avantages et des inconvénients que les mécanismes d'engagement formels et informels entraînent.

Les mécanismes formels tels que les associations de l'eau et les organisations de bassins fluviaux reposent souvent sur le principe de la démocratie représentative, qui leur confère une légitimité. Cependant, ils peuvent également être perçus comme étant déterminés lorsqu'ils se concentrent uniquement sur la promotion du programme d'un seul groupe de parties prenantes. Les organisations de bassins fluviaux peuvent présenter des défis en termes de lobbying et de capture de consultation lorsque les discussions et les décisions sont « surévaluées » ou monopolisées par les intérêts de certains groupes. Cela peut également générer des tensions entre le principe et l'agent par lesquelles la personne assise à la table exprime sa propre préoccupation plutôt que de représenter sa circonscription au sens large. Cela devrait être une préoccupation clé lors de la sélection des parties prenantes pour participer à des conseils consultatifs, des groupes de travail ou des assemblées.

La nature relativement informelle des réunions et des ateliers peut favoriser à la fois les délibérations et créer un sentiment de communauté. Ils créent une atmosphère ouverte qui rend les participants généralement plus disposés à discuter des problèmes et maximise les dialogues sur des problèmes qui peuvent ne pas être révélés par des mécanismes plus structurés. Par exemple, les réunions et les ateliers sont flexibles en termes de calendrier et d'échelle (des réunions communautaires aux conférences internationales) et peuvent s'appliquer à un large éventail de questions (par exemple, de la discussion d'un projet d'égout municipal au débat sur les accords de gestion de bassin transfrontalier). Ils offrent à quiconque la possibilité d'exprimer ses préoccupations, d'accéder à des informations et de les partager, et de mieux les comprendre. Cependant, si les outils utilisés pour impliquer les parties prenantes n'ont pas un niveau minimal de structure et de médiation, les résultats peuvent être difficiles à intégrer dans les décisions finales. Un suivi est également nécessaire pour transformer les points de vue et les préoccupations en contributions réelles à la prise de décision au-delà du partage d'informations.

Les aspects critiques de la gouvernance devraient guider les cadres d'engagement des parties prenantes. Un accès juste et équitable aux opportunités d'engagement est essentiel pour garantir un processus équilibré et représentatif qui prend en compte la diversité des idées et des opinions. Être transparent et ouvert sur les moyens d'identifier les parties prenantes, de choisir les mécanismes d'engagement et de définir les objectifs poursuivis peut contribuer à susciter l'intérêt des parties prenantes et à développer une compréhension et un soutien aux décisions finales. Il ne suffit pas de fournir des plateformes permettant aux parties prenantes de partager leurs idées, car les décideurs doivent également démontrer clairement comment ces idées sont prises en compte. La transparence des procédures et la divulgation rapide des informations, y compris des solutions alternatives, sont donc essentielles pour garantir la légitimité des processus de prise de décision et de leurs résultats. Les processus d'engagement peuvent rassembler des groupes aux opinions opposées qui craignent que leurs opinions ne soient pas prises en compte. Il est important de montrer aux participants quelle est l'intention du processus et comment leur contribution sera prise en compte pour assurer des discussions productives et un échange d'opinions. Il est également important que les décideurs puissent se fier à la qualité et à la valeur des contributions d'experts non techniques.

Références

Ainuson, K. (2010), « Urban water politics and water security in disadvantaged urban communities in Ghana », *African Studies Quarterly*, vol. 11/4, p. 59. [8]

AMCOW (2018), *Status Report on the Implementation of Integrated Water Resources Management in Africa: A Regional Report for SDG Indicator 6.5.1 on IWRM Implementation*. [3]

CICOS (s.d.), *Homepage*, International Commission for the Congo-Oubangui-Sangha Basin, https://www.cicos.int/. [5]

City of Cape Town (2019), *Cape Town Water Strategy*, Department of Water and Sanitation, http://resource.capetown.gov.za/documentcentre/Documents/City%20strategies%2c%20plans%20and%20frameworks/Cape%20Town%20Water%20Strategy.pdf. [34]

Dos Santos, S. et al. (2017), « Urban growth and water access in sub-Saharan Africa: Progress, challenges, and emerging research directions », *Science of the Total Environment*, vol. 607-608, pp. 497-508. [12]

Global Water Partnership (2000), « No 4: Integrated water resources management », Technical Advisory Committee. [2]

Howard, B. et K. Han (2020), « African governments failing in provision of water and sanitation, majority of citizens say », *Afrobarometer Dispatch*, vol. 349, https://afrobarometer.org/sites/default/files/publications/Dispatches/ab_r7_dispatchno349_pap14_water_and_sanitation_in_africa.pdf. [31]

Howard, G., J. Bartram et O. Schmoll (2006), *Groundwater and public health*, World Health Organization, IWA Publishing, pp. 3-19. [11]

IBNET (2021), *The International Benchmarking Network for Water and Sanitation Utilities (IBNET)*. [24]

ICA (2019), *About ICA*, Infrastructure Consortium for Africa, https://www.icafrica.org/fr/about-ica/. [23]

KCCA (s.d.), *Kampala Water and Sanitation Forum*, Kampala Capital City Authority, https://www.kcca.go.ug/Water%20and%20Sanitation%20Forum. [13]

Lall, S., J. Henderson et A. Venables (2017), *Africa's Cities: Opening Doors to the World*, World Bank, Washington, DC. [14]

Lusaka Water and Sewerage Company (2015), *Service Level Guarantee 2015-2018*. [18]

LuWSI (s.d.), *Homepage*, Lusaka Water Security Initiative, https://www.luwsi.org/ (consulté le 15 février 2021). [36]

Lydec (2016), *Rapport de contribution sociale, sociétale et environnementale*, https://client.lydec.ma/site/fr/c/document_library/get_file?uuid=889b4f15-0ea3-4c3e-a309-76f863a46cca&groupId=10156. [35]

NAWSCO (s.d.), *Water Watch Groups*, National Water and Sanitation Council, http://www.nwasco.org.zm/index.php/consumer-service/water-watch-groups. [37]

NWSC (2019), *Integrated Annual Report 2018/2019*, National Water and Sewerage Corporation. [19]

OCDE (2015), *Principes de l'OCDE sur la gouvernance de l'eau*, https://www.oecd.org/cfe/regionaldevelopment/Principes-OCDE-gouvernance-eau_fr.pdf (consulté le 13 mai 2021). [1]

OECD (2021), *OECD Environmental Performance Reviews: Ireland 2021*, OECD Environmental Performance Reviews, OECD Publishing, Paris, https://dx.doi.org/10.1787/9ef10b4f-en. [39]

OECD (2021), *OECD Survey on Water Governance in African Cities*, OECD, Paris. [6]

OECD (2016), *OECD Council Recommendation on Water*, OECD, Paris, https://www.oecd.org/environment/resources/Council-Recommendation-on-water.pdf. [21]

OECD (2015), *Stakeholder Engagement for Inclusive Water Governance*, OECD Studies on Water, OECD Publishing, Paris, https://dx.doi.org/10.1787/9789264231122-en. [38]

OECD (2015), *Water Resources Governance in Brazil*, OECD Studies on Water, OECD Publishing, Paris, https://dx.doi.org/10.1787/9789264238121-en. [10]

OECD (2010), *Innovative Financing Mechanisms for the Water Sector*, OECD Studies on Water, OECD Publishing, Paris, https://doi.org/10.1787/9789264083660-en. [22]

OMVS (s.d.), *Homepage*, Organisation for the Development of the Senegal River, https://www.omvs.org/. [4]

Strong, C. et al. (2020), « Achieving abundance: Understanding the cost of a sustainable water future », Working Paper, World Resources Institute, Washington, DC, http://www.wri.org/publication/achieving-abundance. [25]

The Nature Conservancy (2016), *Sub-Saharan Africa's Urban Water Blueprint: Securing Water Through Water Funds and Other Investments in Ecological Infrastructure*, https://s3.amazonaws.com/tnc-craft/library/Sub-Saharan-Africa-UWB.-2016.pdf?mtime=20180129061945. [7]

Transparency International (2020), *Corruption Perceptions Index 2020*, https://images.transparencycdn.org/images/CPI2020_Report_EN_0802-WEB-1_2021-02-08-103053.pdf. [30]

UN (s.d.), *Big Data for Sustainable Development*, https://www.un.org/en/global-issues/big-data-for-sustainable-development (consulté le 2021 February). [15]

UNDP (2011), *Fighting Corruption in the Water Sector. Methods, Tools and Good Practices*, https://www.undp.org/content/dam/undp/library/Democratic%20Governance/IP/Anticorruption%20Methods%20and%20Tools%20in%20Water%20Lo%20Res.pdf. [28]

UNODC (2013), *Guidebook on Anti-corruption in Public Procurement*, https://www.unodc.org/documents/corruption/Publications/2013/Guidebook_on_anti-corruption_in_public_procurement_and_the_management_of_public_finances.pdf. [27]

UN-Water (2019), *Global Analysis and Assessment of Sanitation and Drinking-Water (GLAAS) 2019 Report*, United Nations. [16]

UN-Water (2019), *National Systems to Support Drinking-water, Sanitation and Hygiene – Global Status Report 2019*, United Nations. [33]

UN-Water (2017), *Sub-Saharan Africa*, United Nations, https://sdg6data.org/region/Sub-Saharan%20Africa. [20]

Vinay, H. (2017), *Africa's Cities: Opening Doors to the World.* [9]

Water Integrity Network (forthcoming), *Water Integrity Global Outlook 2021.* [32]

World Bank (2021), *Global Public Procurement Database: Share, Compare, Improve!*, World Bank, Washington, DC, https://www.worldbank.org/en/news/feature/2020/03/23/global-public-procurement-database-share-compare-improve. [26]

World Bank (2017), *République Centrafricaine, Enquête nationale sur les monographies communales 2016.* [17]

World Bank (2010), *Deep Wells and Prudence: Towards Pragmatic Action for Addressing Groundwater Overexploitation in India*, World Bank, Washington, DC, http://documents1.worldbank.org/curated/en/272661468267911138/pdf/516760ESW0P0951round0Water129101110.pdf. [29]

Annexe A. Enquête de l'OCDE sur la gouvernance de l'eau

Questionnaire de l'enquête

1. Mégatendances et risques hydriques

1.1 Quelle(s) mégatendance(s), parmi celles listées ci-dessous, ont un impact sur les ressources en eau de votre ville ?
Changement climatique
Changements démographiques (migration ou déplacement de population, croissance démographique, etc.)
Urbanisation (étalement urbain, habitat informel, etc.)
Développement et croissance économique
Insécurité alimentaire (augmentation de la demande en eau agricole)
Crise globale, situation d'urgence (crise sanitaire, instabilité politique, conflits armes, problèmes géopolitiques etc.)

1.2 Quelle(s) mégatendance(s), parmi celles listées ci-dessous, sont de nature accélérer l'accès aux services d'eau de votre ville ?
Urbanisation (étalement urbain, habitat informel, etc.)
Changements démographiques (migration ou déplacement de population, croissance démographique, etc.)
Lutte contre la pauvreté et les inégalités sociales
Réformes institutionnelles et territoriales (décentralisation, fusion/agrégation de régions, provinces, municipalités)
Lutte contre les maladies hydriques (malaria, dengue, etc.)

1.3 D'où provient l'impulsion majeure qui guide la politique de l'eau dans votre ville ?
Lois, réglementations ou initiatives nationales
Leadership municipal et engagement local
Agences de développement, Institutions financières internationales
Pression exercée par les citoyens, par les associations citoyennes
Mise en œuvre du droit à l'eau et l'assainissement des Nations Unies, Objectifs de Développement Durable (ODDs) et/ou Agenda 2030

1.4 A quel(s) risque(s) liés à l'eau, parmi ceux listés ci-dessous, votre ville est-elle le plus exposée ?

Trop d'eau (inondations)

Pas assez d'eau (sécheresse)

Pollution de l'eau (par exemple, eau de surface ou source d'eau souterraine contaminée)

Accès insuffisant aux services d'eau et d'assainissement

Vieillissement, obsolescence des infrastructures / Manque d'infrastructures

Conflits/tensions sur la répartition de l'eau entre usagers

Lutte contre les maladies hydriques (malaria, dengue, etc.)

1.5 Décrivez de façon plus détaillée 3 risques liés à l'eau auxquels votre ville est actuellement confrontée en indiquant les données et tendances clé.

2. Institutions

2.1 Votre ville exerce-t-elle une/des fonction(s) de régulation en matière de services d'eau et d'assainissement ?

Si oui, s'il vous plaît, précisez la/lesquelle(s) :

Fixation des tarifs

Définition des normes/exigences de qualité pour l'eau potable

Suivi des exigences de qualité pour l'eau potable

Définition des normes/exigences de qualité pour le traitement des eaux usées

Suivi des exigences de qualité pour les rejets d'eaux usées

Définition des obligations de service public

Définition de normes techniques pour l'industrie et les services

Création d'incitations pour une utilisation efficace des ressources en eau

Définition d'incitations pour des investissements efficients

Collecte d'information et de données

Suivi de la performance des services

Consultation, engagement avec les usagers des services d'eau et d'assainissement

Protection des consommateurs et règlement des différends

Délivrance d'un agrément municipal pour les opérateurs des services d'eau et d'assainissement

Supervision/contrôle des contrats entre les services publics et acteurs privés

Supervision/analyse des plans d'investissement /business plans des services d'eau et d'assainissement

2.2 Combien de services d'eau et d'assainissement formels fonctionnent dans les limites administratives de votre ville ?

Services	Nombre de fournisseurs de services	Noms des fournisseurs de services	Statut d'opérateur
Service(s) d'eau potable			
Service(s) d'assainissement			

2.3 Quelles sont les différentes formes d'accès à l'eau dans votre ville, qu'il s'agisse d'un accès fourni par un opérateur public ou privé ?

Branchement domestique dans le logement

Branchement dans le jardin, branchement partagé

Borne fontaine

Accès décentralisé par l'intermédiaire de réseaux auto-gérés par des coopératives (ou par les habitants)

Forage/puit

Camion-citerne

Eau en bouteille

Récupération d'eau de pluie

Autre mécanisme, veuillez préciser, s'il vous plaît :

2.4 Quelles sont les différentes formes d'installations d'assainissement dans votre ville ?

Toilettes à chasse d'eau manuelle et mécanique raccordées à un réseau d'égouts, une fosse septique ou une latrine à fosse

Toilettes à chasse d'eau manuelle et mécanique non raccordées à un réseau d'égouts (écoulement à l'air libre)

Latrines à fosse améliorées avec ventilation, latrines à fosse avec dalle

Latrines à fosse sans dalle

Latrines à seau

Latrines suspendues

Autre, veuillez préciser, s'il vous plaît :

2.5 Votre ville participe-t-elle au processus de prise de décision au sein d'un organisme de bassin ?

2.6 Quels mécanismes, outils et institutions sont utilisés pour coordonner la politique de l'eau entre votre ville et d'autres niveaux de gouvernement/collectivités/institutions (y compris d'autres municipalités, régions et provinces) ?

Coopération intercommunale

Institution infranationale portant spécifiquement sur l'eau (par exemple, organisme de bassin, agence de l'eau, etc.)

Bases de données et systèmes d'information partagés

Indicateurs de performance

Plateforme de coordination entre autorités locales et services d'eau et/ou d'assainissement

Autre mécanisme, veuillez préciser, s'il vous plaît :

2.7 Sélectionnez un de ces mécanismes qui s'est avéré particulièrement efficace et expliquez brièvement son fonctionnement et la manière dont il a contribué à une meilleure gouvernance de l'eau dans votre ville.

2.8 Dans votre pays/région/province, existe-t-il une agence /institution spécifique en charge de la régulation des services d'eau et/ou d'assainissement ?

3. Cohérence des politiques

3.1 Dans votre pays, existe-t-il une politique nationale spécifique pour l'eau indiquant clairement des objectifs, des missions et les ressources nécessaires à sa mise en œuvre ?
Veuillez utiliser le menu déroulant pour répondre oui/non dans la cellule ci-contre.

Si oui, est-ce que le droit à l'eau et l'assainissement est reconnu dans cette loi ?

3.2 Votre ville a-t-elle développé une politique spécifique pour les services d'eau et d'assainissement au niveau local ?
Veuillez utiliser le menu déroulant pour répondre oui/non dans la cellule ci-contre

Si oui, cette politique :

- Indique-t-elle des objectifs clairs ?
- Indique-t-elle des missions claires ?
- Indique-t-elle les ressources nécessaires à sa mise en œuvre ?
- Indique-t-elle une stratégie en cas de crise ou de situation d'urgence ?
- Sa mise en œuvre est-elle régulièrement évaluée ?

3.3 Votre ville a-t-elle développé une politique spécifique pour la gestion des ressources en eau au niveau local (eau de surface et souterraine) ?

Si oui, cette politique :

- Indique-t-elle des objectifs clairs ?
- Indique-t-elle des missions claires ?
- Indique-t-elle les ressources nécessaires à sa mise en œuvre ?
- Intègre-t-elle des aspects liés au changement climatique ?
- Sa mise en œuvre est-elle régulièrement ?

3.4 Au niveau de la ville, y a-t-il des exigences / ou un cadre qui fixent une allocation prioritaire de l'eau entre les usages de l'eau en cas de situation de pénurie ou d'urgence ?

Si oui, pouvez-vous classer les usages en fonction de leur priorité (de 1 à 5), s'il vous plaît :

- Usage domestique
- Industrie
- Énergie
- Irrigation et élevage
- Durabilité environnementale

3.5 Votre ville a-t-elle mis en œuvre des mesures explicites pour garantir l'accès aux services d'eau et/ou d'assainissement pour des groupes vulnérables, tels que les :

- Populations pauvres
- Personnes vivant avec un handicap
- Populations indigènes et minorités ethniques
- Populations vivant dans des zones défavorisées
- Femmes ou foyer dirigé par une femme
- Autre, veuillez préciser s'il vous plaît :

3.6 Au niveau de la ville, la population a-t-elle un accès garanti à un volume d'eau minimum pour ses besoins de base ?

3.7 Au niveau de la ville, y a-t-il des mesures sociales à destination des catégories vulnérables d'usagers des services d'eau et d'assainissement ?
Si oui, veuillez préciser lesquelles :
Tarification sociale pour les volumes consommés (part variable de la facture)
Tarification sociale pour le coût de connexion (abonnement, part fixe de la facture)
Les deux
Autre, veuillez préciser s'il vous plaît :

3.8 Quel(s) mécanisme(s), parmi ceux listés ci-dessous, votre ville a-t-elle mis en place pour améliorer la transparence et l'intégrité pour la gestion des thématiques liées à l'eau :
Audit annuel des budgets des services d'eau et d'assainissement, ou des dépenses municipales dans le domaine de l'eau et l'assainissement
Obligations de rapportage financier annuel sur les services d'eau et d'assainissement
Mise en œuvre de règles et de principes de transparence budgétaire clairs
Systèmes de gestion anti-corruption
Politiques visant à protéger les lanceurs d'alerte
Plans institutionnels anti-corruption, codes de conduite ou chartes sur l'intégrité
Procédures claires de marché public
Audits et tests d'intégrité réalisés de façon aléatoire
Procédures claires et obligatoires pour empêcher les possibles conflits d'intérêt
Autre mécanisme, veuillez préciser, s'il vous plaît :

3.9 Quelle est l'influence des éléments suivants sur la gestion de l'eau dans votre ville ?
Utilisation des terres et aménagement du territoire
Codes de la construction et du logement
Transport
Gestion des déchets
Santé publique
Tourisme
Industries manufacturières
Énergie
Agriculture

4. Financements

4.1 Existe-t-il des plans et des programmes d'investissement pour l'eau et l'assainissement dans votre ville ?
Si oui, guident-ils la prise de décision dans le domaine de l'eau et l'assainissement dans votre ville ?

4.2 Dans votre ville, la comptabilité des services d'eau et d'assainissement est-elle distincte/séparée de la comptabilité communale afin de garantir une traçabilité des comptes de l'eau ?

4.3 Dans votre ville, quelles sont les sources de financement des services d'eau potable et d'assainissement ?
Sources de financement
Tarifs
Subventions provenant du gouvernement central, régional ou local

Aide internationale

4.4 Quels instruments économiques sont utilisés pour gérer l'eau dans votre ville ?
Tarifs de l'eau en gros
Tarifs de l'eau au détail / abonnement (part fixe)
Redevances pour prélèvement d'eau
Redevances pour pollution de l'eau (effluents)
Amendes et pénalités
Autre. Veuillez préciser :

4.5 Y at-il des directives normalisées / harmonisées au niveau national ou infranational pour établir et gérer les instruments économiques tels que les tarifs, les redevances prélèvement ou pollution, les taxes sur les eaux souterraines ?

5. Engagement des parties prenantes

5.1 Votre ville a-t-elle élaboré une cartographie des parties prenantes afin d'identifier clairement tous ceux qui ont un intérêt à la politique de l'eau ou sont susceptibles d'être affectés par elle, ainsi que leurs responsabilités, leurs motivations et interactions ?

5.2 Avec quelles catégories d'acteurs de l'eau est-il le plus difficile d'interagir au niveau local ?
Opérateurs de services et/ou leurs associations professionnels nationales
Gouvernement régional / provincial
Gouvernement local (autre que votre propre municipalité)
Autorité intercommunale / métropolitaine
Gouvernement central
Institution infranationale portant spécifiquement sur l'eau (par exemple, organisme de bassin, agence de l'eau, etc.)
Régulateur
Commerce / Industrie
Irrigants et leurs associations
Société civile, ONG
Acteurs financiers (bailleurs de fonds, institutions financières internationales, investisseurs)
Universités, centres scientifiques et de recherche
Usagers des services et leurs associations
Syndicats et travailleurs
Sociétés de conseil (ingénierie, cabinets de conseil)
Organisations internationales
Médias
Groupes de personnes vulnérables (populations pauvres, minorités ethniques, etc.)
Partenaires locaux clé (chef de village, responsable de communauté ou de quartier, etc.)

5.3 Dans votre ville, les groupes suivants sont-ils consultés sur les sujets liés à l'eau :

Populations pauvres

Personnes vivant avec un handicap

Populations indigènes et minorités ethniques

Population vivant dans des zones défavorisées

Femmes ou foyer dirigé par une femme

Autre, veuillez préciser :

5.4 Quels sont les principaux mécanismes que votre ville utilise-t-elle pour faire participer les parties prenantes à la prise de décisions dans le domaine à l'eau ?

Institution infranationale portant spécifiquement sur l'eau (par exemple organisme de bassin, agence de l'eau, etc.)

Associations d'opérateurs de services d'eau, de régulateurs de services d'eau, etc.

Enquête / Sondages / Référendum

Hotlines

Ateliers

Réunions

Groupes d'experts

Comités de citoyens

Media traditionnels (Journaux, bulletin d'information, TV, Radio)

Technologies de communication sur le Web (plates-formes en ligne, e-mail, médias sociaux, site web, applications, etc.)

5.5 Quels mécanismes sont utilisés pour évaluer la performance de la gestion des eaux urbaines ?

Enquête, sondage (satisfaction des usagers/ménages/citoyens, etc.)

Benchmarking

Rapport d'évaluation (efficacité, efficience, impact ...)

Autre mécanisme, veuillez préciser, s'il vous plaît :

5.6 Quels sont les principaux obstacles qui empêchent un bon engagement des acteurs de l'eau dans votre ville ?

Capture de consultation (lobbies, sur-représentation de certaines catégories, etc.)

Manque de financement pour assurer la participation des parties prenantes

Manque de temps et de moyens humains

Manque de volonté politique et de leadership

Faiblesse du cadre juridique pour soutenir la participation des parties prenantes

Fatigue des parties prenantes au cours du processus de consultation (difficulté à maintenir la motivation)

Manque de continuité politique (rotation du personnel, évolution des priorités, etc.)

Objectifs contraires entre parties prenantes

Résistance au changement

Faible capacité à engager des consultations (éducation, formation)

Complexité des questions et problématiques en jeu

Distance géographique par rapport aux centres de prise de décision (par exemple, régions éloignées)

Crainte des décideurs de perdre l'influence et le pouvoir

6. Données, suivi, évaluation

6.1 Votre ville produit-elle des données pour le rapport GLASS et/ou les Objectifs de Développement Durable (ODD) ?

Si oui, précisez comment ces données rapportées, s'il vous plaît :

6.2 Les données suivantes sur les services d'eau et d'assainissement de votre ville sont-elles disponibles dans votre ville ?

- Coût des services d'eau (transport et approvisionnement en eau potable, collecte et traitement des eaux usées, coûts du personnel, de l'énergie, etc.)
- Recouvrement des coûts et des prix par rapport au revenu des consommateurs et de leur pouvoir d'achat

Si oui, pouvez-vous indiquer la part moyenne de la facture dans le revenu des ménages (%)

- Connaissance et programme de maintenance des infrastructures pour en assurer le renouvellement, un bon entretien, et un fonctionnement durable
- Contrôle de la qualité de l'eau potable et des eaux usées par rapport aux normes en vigueur

6.3 Les données suivantes sur la gestion des risques liés à l'eau au niveau local sont-elles disponibles pour votre ville ?

- Projections / scénarios avec référence au changement climatique, et aux biens et aux vies exposés, aux risques d'inondation, de sécheresse et de pollution accidentelle
- Données météorologiques, y compris données sur les précipitations
- Données sur les prélèvements et débits d'eau, les pressions
- Données historiques sur les catastrophes liées à l'eau
- Données sur la vulnérabilité (êtres humains et propriétés) / exposition au risque

6.4 Des données clés sur la gestion des ressources en eau dans votre ville sont-elles produites de façon régulière au niveau de la ville ?

Si oui, précisez :

- Si ces données font partie d'un système d'information harmonisé, intégré, standardisé et coordonnée à travers le pays ?
- Si ces données sont accessibles au public et communiquées aux citoyens ?

Si oui, précisez comment ces données sont communiquées aux citoyens ?

7. Obstacles

Quels obstacles, parmi ceux listés ci-dessous, empêchent une gouvernance efficace de l'eau dans votre ville ?

- Fragmentation des municipalités et/ou des opérateurs des services d'eau et d'assainissement
- Manque de personnel (technique et managérial), de connaissances et/ou de compétences sur l'eau (techniques, financières, informatiques...)
- Manque de financement (du fait de la difficulté d'augmenter le tarif de l'eau, de collecter les factures, du fait de la faible capacité à payer des ménages, etc.)
- Faible niveau d'investissement (du fait d'une faible priorisation des investissements, d'un manque de planification stratégique pluriannuelle et/ou de budgets pluriannuels, etc.)
- Compétition/tensions entre les différents usages de l'eau
- Données incomplètes, obsolètes, ou fragmentées
- Manque de cohérence des politiques sectorielles liées à l'eau (agriculture, industrie, environnement, santé, etc.)
- Absence de gestion au niveau du bassin ou du sous-bassin versant
- Absence de mécanismes de résolution des conflits

Corruption et/ou interférence politique
Absence ou faiblesse des procédures pour la commande publique
Faiblesse des autorités de régulation et/ou faible capacité à faire appliquer les réglementations
Faible sensibilisation des citoyens et faible engagement avec les acteurs locaux
Absence de monitoring et d'évaluation des politiques publiques

8. Futures priorités

Parmi les actions suivantes, lesquelles constituent des priorités pour faire face aux futurs défis de l'eau dans votre ville ?

Stratégies	Grand niveau de priorité	Niveau de priorité moyen	Faible niveau de priorité
Construire, exploiter ou entretenir les infrastructures hydrauliques			
Sensibiliser les citoyens aux risques liés à l'eau			
Favoriser la coopération avec d'autres villes et/ou avec le gouvernement national			
Développer de meilleurs cadres légaux ou réglementaires			
Améliorer l'engagement avec les parties prenantes			
Augmenter le financement pour l'eau			
Renforcer les capacités des autorités locales et des parties prenantes			

www.ingramcontent.com/pod-product-compliance
Lightning Source LLC
LaVergne TN
LVHW080658011026
849160LV00014B/1473